Direção Editorial: Sinval Filho
Direção Administrativa: Wilson Pereira Jr.
Direção de Marketing: Luciana Leite
Capa: Marcos Oliveira
Projeto Gráfico: Vinícius Amarante
Revisão: Janaína Marques Steinhoff

@editoracemporcentocristao
@editoracemporcentocristao

Editora 100% Cristão
Rua Dionísio de Camargo, 106 - Osasco/SP - CEP 06086-100
contato@editoracemporcento.com.br
(11) 4379-1226 | 4379-1246 | 98747-0121

www.editoracemporcento.com.br

Copyright 2022 por Editora 100% Cristão
Todos os direitos reservados à Editora 100% Cristão e protegidos pela Lei n. 9.610, de 19/02/1998. É expressamente proibido a reprodução total ou parcial deste livro, por quaisquer meios eletrônicos, mecânicos, fotográficos, gravação e outros, sem prévia autorização por escrito da editora. A versão da Bíblia utilizada nas citações contidas nessa obra é a Nova Versão Internacional (NVI) salvo ressalvas do autor. Este livro é uma publicação independente, cujas citações a quaisquer marcas ou personagens são utilizados com a finalidade de estudo, paráfrase e informação.

Este livro é uma publicação independente, cujas citações a quaisquer marcas ou personagens são meramente para efeito de estudo, paráfrase, crítica e informação.

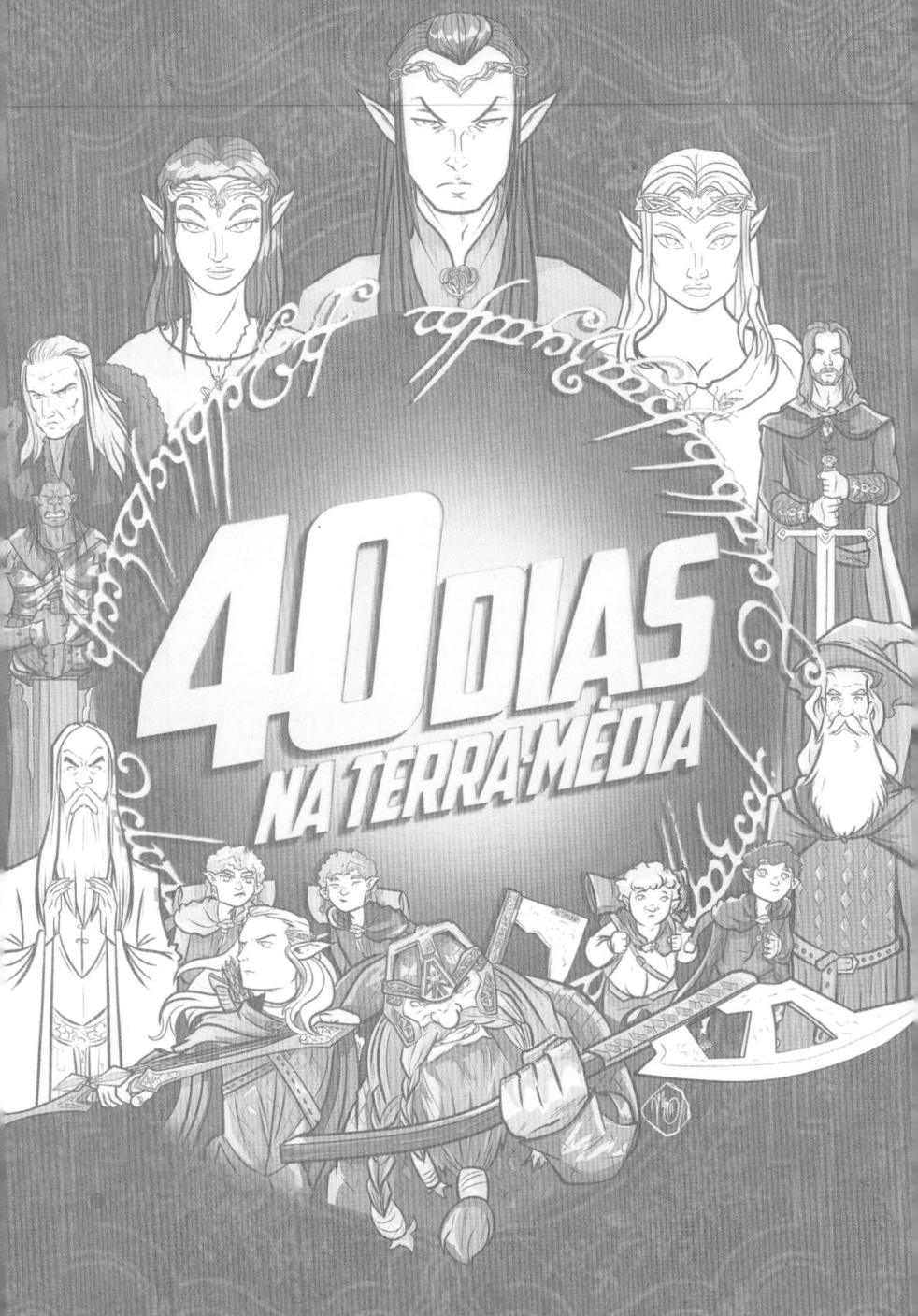

SOBRE O AUTOR

Eduardo Luiz de Medeiros é casado com a Meiry Ellen e pai do incrível Joshua. Doutor em História pela Universidade Federal do Paraná e Especialista em Teologia Bíblica pela Universidade Mackenzie. Professor Universitário, nas cátedras de História da Igreja Medieval, História de Israel, Cultura Religiosa, Teologia do Antigo Testamento, Missão Integral, entre outras. Escritor de livros acadêmicos para uso em diversos cursos das humanidades, a nível nacional. Pastor da Igreja do Evangelho Quadrangular, onde auxilia no treinamento de líderes de jovens e adolescentes em sua denominação. Palestrante, desenvolve a temática dos conflitos entre gerações, cultura e cristianismo, pós-modernidade e igreja, entre outros temas para pais, professores e pastores. Fundador do projeto Parábolas Geek, que originou este Devocional.

AGRADECIMENTOS

Agradeço a Deus que tem permitido a continuidade deste projeto! Tudo começou com Ele e continuará enquanto Ele permitir. A Deus toda a honra e toda a Glória!

Agradeço à minha parceira de aliança Meiry, pois sem o seu apoio eu não teria ousado sair de minha zona de conforto para viver as aventuras de Deus para nossas vidas. Ao meu filho Joshua que participou ativamente do processo criativo que originou este livro, ao me chamar para brincar enquanto pensava nos princípios que usaria para um personagem difícil que havia escolhido.

Além da equipe da Editora 100% Cristão, que nos oferece todo o suporte para o lançamento dos livros e nos incentiva a continuar avançando, mesmo quando o cenário e o contexto em nossas vidas são desafiadores.

Por fim, preciso agradecer a todos vocês, tanto aos leitores recorrentes de nossos livros, quanto aqueles que estão conosco pela primeira vez! Juntos já trilhamos ou trilharemos, se este é o seu primeiro contato com nossos devocionais, viagens com os Vingadores, Star Wars, Liga da Justiça, Games, Séries, Gotham e aqui estamos para mais uma aventura.

Bem-vindos aos 40 Dias na Terra-média!

AGRADECIMENTO ESPECIAL

Neste projeto, em especial, preciso agradecer a um jovem que foi muito importante para a construção do Dossiê deste livro. O seu nome é Héctor Jesús, aluno da graduação em Teologia da Faculdade Teológica Betânia, na qual sou professor. Héctor foi meu aluno durante o bacharelado, gostou da proposta de nosso projeto e, ao longo de 2022, participou do Parábolas Geek de várias maneiras. Uma destas formas, foi trabalhando na elaboração do Dossiê de 40 Dias na Terra-média, além de ter escrito o Devocional do Dia 36 do livro, sobre a espada élfica de Frodo, a Ferroada.

Héctor é jornalista venezuelano e missionário. Ele está no Brasil há alguns anos em busca de conhecimento teológico que o ajude a exercer seu chamado e alcançar seu propósito. Estou muito feliz com o resultado de seu trabalho conosco neste livro!

Caríssimo, muito obrigado pela sua ajuda e esforço em participar de alguma forma conosco.

Que Deus o abençoe muito e que seus sonhos e projetos se realizem para o bem de nossa geração!

INTRODUÇÃO

■ **1 - Apresentação**

Escrever esta introdução é sempre um grande desafio. Ao mesmo tempo em que terei muitos leitores recorrentes, que já me conhecem por meio dos livros anteriores, teremos sempre muitos novos amigos e amigas de jornada que se conectam conosco pela primeira vez na leitura deste exemplar. Como explicar a essência do projeto sem ser cansativo para quem já leu esta introdução, realmente não é fácil. Mas nós tentamos sempre!

Em primeiro lugar, é preciso salientar que este é o sétimo volume de nossa série "40 Dias", cuja coleção é composta por:

• 40 dias com os Vingadores; cujo tema central foi vida cristã;
• 40 Dias com Star Wars; onde falamos a respeito de Jesus;
• 40 Dias com a Liga da Justiça; com o assunto de missões e propósito;
• 40 Dias no Mundo dos Games; com o tema do discipulado cristão;
• 60 Dias no Mundo das Séries; onde falamos sobre a maturidade cristã;
• 40 Dias em Gotham; com o tema: superando nossas fraquezas.

Talvez, você faça parte de nossa família há mais tempo e, se este for o seu caso, então você com certeza conhece o nosso "primogênito", o Devocional Pop, com a primeira edição lançada em 2017. Ele é um devocional anual com 366 textos abordando o cristianismo pela ótica da cultura pop.

Mas, pode ser que este seja seu primeiro contato com o nosso material e, se este for o caso, quero dar a mais sinceras boas-vindas a você! Pode ficar absolutamente tranquilo ou tranquila, pois cada um dos livros é independente em sua leitura. Espero que você goste desta experiência e que eu possa rever cada um de vocês nos demais livros de nossa franquia.

Em segundo lugar, este livro foi um dos maiores desafios de nossa jornada até aqui. O colossal universo criado por J.R.R. Tolkien é intimidador, ao mesmo tempo em que é uma oportunidade única de mergulhar, não apenas na história surpreendente, mas na psique de personagens tão ricos e complexos. Para escrever a obra que você agora tem em mãos, relemos os livros que já havíamos lido anteriormente, além de atualizar nosso conhecimento por meio da leitura de algumas obras lançadas em português recentemente, e que não havíamos lido ainda. Além disso, vários fóruns e canais de especialistas no assunto, também foram consultados, quando precisávamos ampliar a compreensão de lacunas importantes na cobertura da história de alguns personagens. Na bibliografia deste livro, você encontra as obras de referência e os links dos sites e canais utilizados para compor este Devocional.

Em terceiro lugar, aguardamos a estreia da série Os Anéis de Poder, produzida pela Prime Vídeo em 2022, para introduzir novos personagens no livro. Este ponto é uma novidade na série 40 Dias, pois sempre nos programamos para lançar os livros antes das grandes estreias. Fizemos isso para você que não assistiu aos filmes, ou leu os livros, possa se familiarizar com a obra encontrando personagens que você conheceu na nova série.

Em quarto, gostaria de dizer que utilizamos uma metodologia para o desenvolvimento deste e de todos os nossos projetos. O livro que você tem mãos contém 40 textos inéditos que relacionam aspectos teológicos e práticos com personagens, heróis e vilões do universo criado por Tolkien, desde Valinor, até a Terra-média. Gostaria de conversar com você a respeito desta metodologia, e para isso distribui o assunto em alguns tópicos dentro desta introdução.

■ 2 - Estrutura do livro

Para a série 40 Dias, associamos temas no formato de trilogias que serão escritas ao longo dos próximos anos. O exemplar que você tem em mãos, é o segundo livro de uma trilogia "geográfica" que começou com 40 Dias em Gotham. Nestes livros, procuramos analisar universos específicos com um teor mais maduro, seja na linguagem, seja nos temas escolhidos.

A estrutura de cada um dos 40 Devocionais é a seguinte:

2.1 - O dia de sua jornada;

2.2 - O tema principal do Devocional do dia;

2.3 - Um texto bíblico que será a base para a reflexão do dia. Recomendamos que você memorize o versículo que abre cada um dos textos desta obra.

2.4 - Uma análise do contexto do personagem escolhido, com resumo de sua biografia e outras informações importantes e úteis para a próxima parte do texto.

2.5 - A partir desta introdução, elaboramos uma aplicação que relaciona o texto bíblico do dia com características específicas do personagem escolhido, gerando princípios práticos para nossa jornada com Deus.

2.6 - Todos os textos terminam com um desafio, para que você possa colocar em prática o que acabou de aprender, além de aprofundar os temas estudados.

■ 3 - Como utilizar este livro

3.1 - Leitura Individual
Nossa recomendação para que sua experiência seja a melhor possível, é que você leia um texto por dia, separando em sua agenda o melhor horário para esta tarefa, de acordo com a sua rotina. Separe estes 40 dias para um tempo de consagração a Deus e priorize este tempo. Leia o texto com calma, procure ler o capítulo todo referente ao texto base do dia, para compreender seu contexto. Levando este período com seriedade, com certeza você colherá frutos de sua dedicação!

3.2 - Grupos Pequenos
Você também pode utilizar este material em seu grupo pequeno, célula, grupo familiar, escola bíblica dominical ou ainda, discipulado coletivo. Para ativar esta função em seu livro, use o Devocional todas as semanas da seguinte maneira:

- Efetue a leitura completa do texto;

- Incentive cada participante a comprar o seu exemplar para que seu estudo semanal seja mais profundo;

- Peça auxílio do grupo, através da leitura de pequenos trechos da lição, em especial dos textos bíblicos;

Após a leitura do material, apresente ao grupo as seguintes questões:

- Existem testemunhos com relação ao texto da semana passada?
- Você consegue identificar-se com os elementos da personalidade do personagem de hoje?

- Como você pode colocar em prática o conhecimento adquirido nesta semana?
- O que mais chamou a sua atenção do texto de hoje?
- Quais são as áreas abordadas hoje que geram mais dificuldade em sua vida espiritual?

Durante a semana, peça para o grupo ler mais vezes o texto com o foco no princípio teológico do texto.

Este passo a passo é uma adaptação, com o objetivo de auxiliar aqueles que queiram utilizar este Devocional em seu grupo pequeno. Antes de mais nada, sempre converse com o pastor titular de sua igreja sobre este conteúdo. Mostre a ele o livro, a fundamentação teórica para que você possa auxiliá-lo em seu trabalho na igreja local. Você trabalha para Deus, e a nossa oração é que você e seu grupo alcancem novos níveis de maturidade espiritual através desta jornada!

■ 4 - Estrutura dos 40 Dias

Mas por que 40 dias, você poderia perguntar? Por que não fazer um livro com 30, 50, 101 Devocionais? A resposta é simples: em diversas passagens, a Bíblia apresenta homens que dedicaram 40 dias de suas vidas para períodos de jejum e oração, tanto no Antigo, quanto no Novo Testamento. Não tem relação exata com o número de dias, mas com o período que uma pessoa separa para se preparar para algo novo que está para acontecer. Por isso escolhemos 40 devocionais, para que estes dias sejam um divisor de águas em sua jornada de descobrimento de Deus! Entre as passagens bíblicas que falam sobre este número e sua relação com a novidade de vida podemos citar:

- Gênesis 7:4-12 – O Dilúvio durou 40 dias e 40 noites;

- Êxodo 24:18 – Moisés subiu ao Monte Sinai e permaneceu 40 dias e 40 noites na Presença de Deus;

- Números 14:33 – O Tempo de Peregrinação no Deserto do povo de Israel foi de 40 anos;

- Mateus 4:2 – Jesus Jejuou 40 dias no deserto para iniciar seu ministério.

Mais uma vez, não existe relação com o número, mas sim com o propósito em buscar a Deus em um período de tempo específico. Muitas vezes vamos postergando e deixando de cuidar de nossa vida cristã, ao invés de começar de alguma forma.

Minha oração é que este livro seja o incentivo que faltava para que você inicie uma jornada de 40 dias para um novo tempo em sua vida espiritual. Não é o livro que trará o novo de Deus a você, mas sim suas expectativas com relação a este tempo especial. Talvez você já tenha tentado outras vezes e se sinta frustrado ou frustrada por não ter conseguido terminar um propósito como este na Presença de Deus.

Peça a Ele por força para esta jornada, Ele te capacitará e estará contigo durante todos estes dias!

■ 5 - Compartilhe sua experiência

Quando compartilhamos nossas experiências, temos uma chance muito maior de concluir nossa jornada. Por isso, sugerimos que você tire uma foto ou grave um vídeo de cada um dos 40 dias e publique em seu Instagram marcando os nossos perfis:

◉ @parabolasgeek

◉ @editoracemporcentocristao

◉ @eduardo_medeiros_oficial

Publique em seus Stories ou no seu Feed com as tag's exclusivas de nossos projetos: #40DiasTerra-média, #DevocionalPop, #ParabolasGeek para que possamos divulgá-las para todos os que estão juntos com você neste propósito! Sua perseverança pode incentivar alguém que esteja precisando da mesma experiência!

■ 6 - Fundamentação Teórica Simplificada

A ideia central deste Devocional é bastante simples, e com certeza você, caríssimo leitor, perceberá isso durante a sua leitura diária do conteúdo proposto. Nele você encontrará uma infinidade de assuntos estudados pela Teologia. Para escrever a respeito de tantos assuntos, usamos a Teologia Interdenominacional, fruto de nosso trabalho enquanto pesquisador e professor universitário a mais de 15 anos. Utilizamos diferentes autores e materiais para construir os 40 textos que compõe este livro e é nossa expectativa que você mergulhe nos princípios dos textos que seguem com a mesma intensidade que nós mergulhamos quando os escrevemos.

O projeto Parábolas Geek, que resultou este e os demais livros desta coleção, está pautado em três pilares principais, que serão explicados no Workshop que realizamos na Conferência Confra Jovem, na Igreja Batista da Lagoinha, e que você pode assistir através do seguinte QR Code:

■ 7 - Importante!

O universo de Tolkien é muito vasto e repleto de detalhes. Este foi um grande desafio na escrita destes textos, pois para dar conta de personagens com tantos pormenores, os textos ficariam muito extensos, ultrapassando o limite de páginas propostos para este projeto. Desta forma, recomendamos que você assista pelos menos aos filmes das duas trilogias da Obra, dirigidos por Peter Jackson. No final deste livro, você encontrará um dossiê com várias informações importantes e curiosidades deste universo. Entre os materiais que apresentamos neste dossiê, está um mini glossário com uma rápida explicação de alguns termos que serão usados de maneira recorrente no Devocional. Caso algum termo traga dúvidas, aconselho a você que faça uma leitura deste mini glossário para esclarecê-las.
Porém, os textos foram escritos sem que seja necessário que você conheça os livros, ou tenha assistido aos filmes e a série. Caso você já tenha tido contato com a obra do autor, seja pelos livros, seja pela produção audiovisual, sua experiência será mais intensa e com mais detalhes.

Nos encontramos novamente, em 40 dias, aproveite sua jornada!

SUMÁRIO

Dia 01 - O Mal não morre, ele aguarda — pág. 14

Dia 02 - Viva uma vida espiritual completa — pág. 16

Dia 03 - Não deixe ninguém para trás — pág. 18

Dia 04 - A aventura está lá fora — pág. 20

Dia 05 - A ambição pode nos cegar — pág. 22

Dia 06 - A soberba antecede a queda — pág. 24

Dia 07 - Como ajudar os refugiados — pág. 26

Dia 08 - Identifique seu verdadeiro inimigo — pág. 28

Dia 09 - Cuidado com as boas intenções — pág. 30

Dia 10 - As verdades necessárias — pág. 32

Dia 11 - Experimente viver sua aventura inesperada — pág. 34

Dia 12 - Você não nasceu para o exílio — pág. 36

Dia 13 - Fuja da avareza — pág. 38

Dia 14 - Você foi chamado para fora — pág. 40

Dia 15 - Qual é o combustível que move sua vida? — pág. 42

Dia 16 - O sacrifício supremo — pág. 44

Dia 17 - O Rei retornará — pág. 46

Dia 18 - Temos um amigo fiel — pág. 48

Dia 19 - O ofício profético de Cristo — pág. 50

Dia 20 - Vencendo as tentações — pág. 52

Dia 21 - A intenção do coração	pág. 54
Dia 22 - Os vícios corrompem a alma	pág. 56
Dia 23 - Não normalize o pecado	pág. 58
Dia 24 - Seja um agente de conexão em sua geração	pág. 60
Dia 25 - Minha imaturidade afeta outros	pág. 62
Dia 26 - Exerça a mutualidade Cristã	pág. 64
Dia 27 - Renove as forças e a esperança	pág. 66
Dia 28 - Seja um regente fiel	pág. 68
Dia 29 - Faça a escolha certa	pág. 70
Dia 30 - Tenha orgulho da sua história... de toda ela!	pág. 72
Dia 31 - Você não precisa ser melhor do que ninguém	pág. 74
Dia 32 - A omissão é um pecado perigoso	pág. 76
Dia 33 - Guerra ou paz?	pág. 78
Dia 34 - A grandiosidade das pequenas histórias	pág. 80
Dia 35 - O veneno mortífero da língua	pág. 82
Dia 36 - Esperança em meio às trevas	pág. 84
Dia 37 - A meia-verdade é uma mentira perigosa	pág. 86
Dia 38 - Resista às tentações	pág. 88
Dia 39 - A cobiça é o primeiro passo para o precipício	pág. 90
Dia 40 - Este não é o fim da história	pág. 92
Dossiê	pág. 94

Dia 01

O MAL NÃO MORRE, ELE AGUARDA

Sejam sóbrios e vigiem. O diabo, o inimigo de vocês, anda ao redor como leão, rugindo e procurando a quem possa devorar. 1 Pedro 5:8.

Galadriel é uma elfa da realeza, nascida na Era das Árvores, no reino abençoado de Aman, também conhecido como Terras Imortais. Através da proteção dos Valar, ela foi testemunha do alvorecer dos elfos antes do início da Primeira Era da Terra-média. Descrita por Tolkien como a mais bela, atlética e sábia elfa de todos os tempos, a jovem Galadriel tem uma história maravilhosa para iniciar nossa jornada por este universo fantástico!

Mesmo sendo da realeza, participa da rebelião dos elfos contra os Valar, por não os ajudarem na luta contra o Senhor das Trevas Morgoth, quando este rouba as joias conhecidas como Silmarils. Este evento faz com que Galadriel seja exilada das Terras Imortais e permaneça na Terra-média, até o final da Guerra do Anel, milhares de anos depois. Participará de violentas guerras em que muitos de seus amigos e familiares serão mortos, até a derrota final de Morgoth. Os Elfos celebrarão o fim de seu inimigo, cansados depois de tantos séculos de batalha e sofrimento. Todos, com exceção de Galadriel, que continuará caçando o principal general de Morgoth, Sauron, que não foi encontrado desde o fim do Senhor das Trevas. Ela e um grupo de elfos, perseguirão as pistas da presença Sauron por todos os cantos da Terra-média, até que sejam convocados para retornar e deixar os dias de guerra para trás. Como recompensa, seu grupo receberá a alta honra de retornar para as Terras Imortais. Por sentir que o mal ainda está à espreita, aguardando o melhor momento para atacar novamente, Galadriel retornará para a Terra-média para continuar sua jornada em busca de Sauron.

O tempo e a história mostraram que ela estava certa, pois o novo Senhor das Trevas causou muito sofrimento e destruição nos milênios que se seguiram, não apenas para os Elfos, mas para todas as raças, até sua derrota final por Frodo Bolseiro, durante a Guerra do Anel, no final da Terceira Era. Quando sua missão estava finalmente concluída, a Senhora de Lórien retorna para as Terras Imortais do Oeste, no último barco que fez esta travessia.

Iniciamos nosso Devocional com um alerta. Da mesma forma como o inimigo de Galadriel estava à espreita, esperando pelo momento ideal para atacar e ser bem-sucedido, nós também precisamos tomar muito cuidado com o inimigo de nossas almas. Tempos difíceis e desafiadores geram tempos de paz e prosperidade que podem nos levar, erroneamente, a baixar nossa guarda espiritual. Muitas vezes, quando estamos desesperados por uma resposta de oração, seja pela cura de uma enfermidade, por uma resposta financeira, ou ainda pela salvação de alguém a quem amamos, mergulhamos em Deus e estamos em oração constante. Quando o que estamos buscando acontece, temos a tendência em diminuir o ritmo de nosso clamor, pois conseguimos o que queríamos.

Nestes períodos de "baixa", onde deixamos as disciplinas espirituais de lado, estaremos mais suscetíveis à ação de nosso inimigo, pois, como diz o texto base de hoje, ele está ao nosso redor, rugindo, tentando ininterruptamente derrubar aqueles que ainda permanecem em pé. Ele não nos atacará quando estivermos fortes, mas aguardará pacientemente, por um deslize, um pequeno tropeço, para então nos atacar com todo o seu arsenal infernal!

Por esta razão, a melhor saída para este grande desafio do cristianismo é não vivermos de ciclos ao buscar pelas mãos do Senhor. A primeira dica valiosa para esta nova jornada é viver em busca da Face de Cristo, pois esta é a garantia de que manteremos a prática de todas as disciplinas espirituais. Assim, consequentemente, nos fortaleceremos no Senhor na batalha diária contra nossos inimigos espirituais! Preparado para mergulhar fundo nos quatro cantos da Terra-média? Pegue suas "Lembas", sua capa e sua espada e venha comigo nesta viagem que tem a possibilidade de mudar sua vida de maneira definitiva, se você seguir todas as 40 dicas apresentadas ao longo do livro.

Desafio: Avalie sua vida espiritual neste exato momento de sua vida. Como você tem investido seu tempo nas disciplinas espirituais? Tempo de oração, leitura da Palavra, prática do jejum, vida em comunidade na Igreja, etc. Atribua uma nota para sua vida espiritual neste momento e decida fazer o que for preciso para melhorar ao longo dos próximos 40 dias. Ao final deste Devocional, vamos rever sua nota e eu espero que ela seja maior do que a do início.

Dia 02

VIVA UMA VIDA ESPIRITUAL COMPLETA

Você pode ver que tanto a fé como as suas obras estavam atuando juntas, e a fé foi aperfeiçoada pelas obras. Tiago 2:22

Elrond é um Meio-elfo, nascido na primeira Era da Terra-média, o que significa que possui, entre seus ancestrais, elfos/elfas e homens/mulheres. Amigo de Galadriel, será no futuro seu genro, casando-se com sua filha Celebrían. Escolhido como Arauto do último Rei dos Noldor, Gil-galad, vivendo no contexto da corte e da nobreza. Quando a comandante dos exércitos do Norte retorna, apenas para pedir mais tempo para caçar Sauron, bem como as pistas de seu paradeiro, ela encontra Elrond, que a aconselha a desistir de sua perseguição a alguém que está há séculos desaparecido. Ele não vê razões práticas para que a caçada continue, na medida em que muitos séculos se passaram desde a derrota de Morgoth e o desaparecimento dos rastros de Sauron.

Galadriel o critica por dizer que agora ele enxerga as coisas apenas por um viés diplomático e político, diferente dela que lutou até os confins da Terra-média, vendo o mal encarnado e muito sofrimento. O diálogo entre os dois elfos, no início da série "Os Anéis de Poder" pode ser muito útil para nos ajudar no Devocional de hoje.

Os personagens representam duas formas distintas de encarar o mundo: enquanto ela agiu de maneira prática para resolver o problema da presença do mal, Elrond atuou na corte real, longe do centro dos acontecimentos e dos campos de Batalha. A partir da temática proposta neste Devocional, podemos pensar nestes dois posicionamentos como comportamentos presentes no contexto eclesiástico em nossos dias. Vamos a eles!

■ **O primeiro comportamento é o da experiência.** Galadriel agia conforme seus instintos, sem se preocupar com a estrutura na qual estava inserida, como uma representante da nobreza élfica. No meio cristão, muitas vezes, temos pessoas sinceras, que desejam fazer a obra e cumprir seu chamado, mas não se preparam ou buscam os requisitos necessários para ingressar no ministério ou desenvolver seus talentos e dons. Vivem de acordo com a experiência que recebem na igreja, sem aprofundar muito no conhecimento da Teologia, tão importante na formação de líderes capazes e preparados para os desafios da pós-modernidade.

■ **O segundo comportamento é o do conhecimento.** Elrond se especializou no trabalho na corte, deixando de compreender o que acontecia fora dos limites do palácio, alheio a todo o sofrimento e desespero que a guerra trouxe para seu povo e para todos os demais. Da mesma forma, apenas conhecimento, sem atitudes práticas no contexto do Reino de Deus, não traz benefícios para a sociedade e para a cristandade em nossa geração. Quando acompanhamos o futuro do personagem, perceberemos que ele aprendeu a lição, estando presente nos grandes acontecimentos da Terra-média, ajudando homens, anões e até mesmo os hobbits, a cumprirem suas missões. Ele teve uma atuação fundamental, tanto na Guerra da Última Aliança, quanto na Guerra do Anel. Assim é fundamental buscarmos um equilíbrio entre experiência e conhecimento, para que o nosso trabalho seja eficaz no mundo em que vivemos. Não se esqueça que:

> *Experiência sem conhecimento transforma-se em fanatismo.*
> *Conhecimento sem experiência transforma-se em legalismo.*

Não seja alguém que desrespeita os processos em sua denominação ou igreja local, ou ainda aquele que não pratica aquilo que aprendeu! Em ambos os casos, o resultado será catastrófico, não apenas para você, mas também para aqueles que estiverem ao seu redor. **Equilíbrio** ainda é a palavra-chave para nossa geração!

> *Desafio:* Como você tem se preparado para cumprir o seu chamado nesta geração? Quais são os requisitos para ingressar no ministério em sua denominação? Pergunte ao seu pastor e pondere dar um passo de fé rumo ao conhecimento teológico necessário para fazer a diferença como líder. Elabore um planejamento para fazer os cursos e treinamentos necessários para alcançar este fim, no curto (1 ano), médio (3 anos) e longo (5 anos ou mais) prazos!

Alegrem-se com os que se alegram; chorem com os que choram.
Romanos 12:15

O príncipe Durin IV é o herdeiro da fabulosa cidadela dos anãos de Kazad--Dûm. O conhecimento profundo dos elementos naturais, faz desta raça, o grupo de construtores mais habilidosos de toda a Terra-média. Ao longo dos séculos, escavaram até as profundezas da terra, de maneira inadvertida e inapropriada, chegando tão fundo em suas escavações, libertando sem querer, a criatura ancestral Balrog que decretará o fim da cidadela, transformando a grandeza e beleza repleta de vida de Kazad-Dûm, nas ruínas de Moria. Mas esta é uma história para outro devocional.

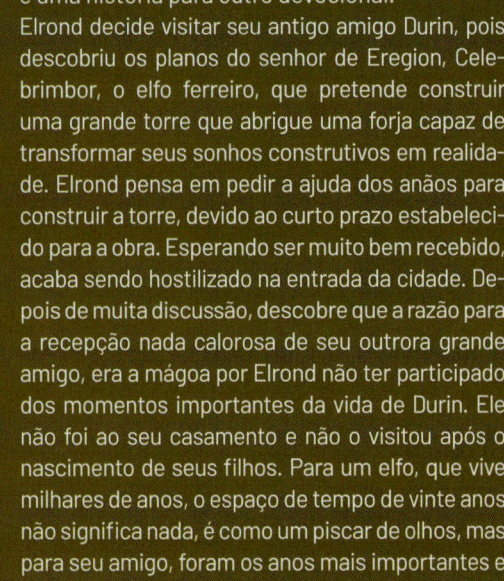

Elrond decide visitar seu antigo amigo Durin, pois descobriu os planos do senhor de Eregion, Celebrimbor, o elfo ferreiro, que pretende construir uma grande torre que abrigue uma forja capaz de transformar seus sonhos construtivos em realidade. Elrond pensa em pedir a ajuda dos anãos para construir a torre, devido ao curto prazo estabelecido para a obra. Esperando ser muito bem recebido, acaba sendo hostilizado na entrada da cidade. Depois de muita discussão, descobre que a razão para a recepção nada calorosa de seu outrora grande amigo, era a mágoa por Elrond não ter participado dos momentos importantes da vida de Durin. Ele não foi ao seu casamento e não o visitou após o nascimento de seus filhos. Para um elfo, que vive milhares de anos, o espaço de tempo de vinte anos não significa nada, é como um piscar de olhos, mas para seu amigo, foram os anos mais importantes e felizes de sua vida. Ambos conversarão e conseguirão se perdoar e retomar a amizade, mas este diálogo do segundo episódio da primeira temporada da série "Os Anéis de Poder", pode nos trazer uma importante reflexão para o Devocional de hoje.

Elrond não foi um bom amigo para Durin, no sentido de não ter pensado nele, mas apenas em seus compromissos junto ao seu povo. Isso me levou a refletir sobre o nosso papel, enquanto cristãos, junto aqueles conhecidos que não compartilham **ainda** de nossa fé.

Muitas vezes, quando estamos envolvidos com nossos afazeres, temos a tendência em deixar aqueles que conhecemos de lado para viver em função da nova vida que adquirimos em Cristo, a partir de nossa conversão. As novas amizades, novos compromissos, nos levam rapidamente a nos envolver em meio a este universo que surge em nossas vidas e está tudo certo com isso!

A grande questão é que, invariavelmente, deixaremos conhecidos e pessoas que amamos de fora desta nova vida e podemos perder o contato com aqueles que também precisam receber o amor de Jesus. Neste sentido, é preciso relembrar do grande mandamento que o Mestre nos deixou:

> *E o segundo é semelhante a ele: "Ame o seu próximo como a si mesmo".*
> *Mateus 22:39.*

Assim, devemos procurar ter empatia e não perder o contato com nossos amigos e familiares para que, a partir de nosso testemunho e amizade, possamos apresentar o Evangelho libertador da salvação da Graça de Deus para todos aqueles que cruzarem nosso caminho!

Precisamos compreender o quão importante é separarmos tempo de qualidade com as pessoas importantes de nossas vidas, pois não podemos viver apenas entre aqueles que compartilham de nossa fé. Nossos parentes terão uma visão a respeito dos cristãos por meio de nós. Por esta razão, é fundamental, na medida do possível, participar dos momentos importantes de nossos amigos e familiares. Esteja nas festas de família, nos encontros com seus amigos, desde que esteja preparado para ser luz nestes lugares, sem julgamentos, mas com simpatia e alegria!

Desta forma, você será um instrumento nas mãos de Deus, fora das quatro paredes da igreja, servindo a Deus, em meio a pessoas que você conhece e que também precisam do amor de Cristo!

Desafio: Faça uma lista dos amigos e familiares que não são cristãos. Ore por esta lista pelos próximos dezessete dias, para que no desafio do dia 20 voltemos a conversar sobre eles. Invista tempo na confecção desta lista para não deixar ninguém de fora!

Dia 04

A AVENTURA ESTÁ LÁ FORA

Portanto, vão e façam discípulos de todas as nações, batizando-os em nome do Pai e do Filho e do Espírito Santo. Mateus 28:19

Elanor é conhecida como "Nori" pelo seu grupo, os Pés-peludos, um dos três grupos ancestrais dos Hobbits que conhecemos nas obras e filmes deste universo fantástico. Os Pés-peludos não possuem um território próprio e, por esta razão, possuem como característica principal migrar periodicamente se escondendo quando sentem alguma ameaça, através de um intrincado sistema de camuflagem natural, para manter sua vila oculta de perigos em potencial.
Como são muito pequenos e frágeis, eles precisam muito da união e obediência a seus líderes para continuarem juntos e protegidos. Todos permanecem na trilha e não podem ficar sozinhos, para não serem presas fáceis. Nori, porém, é diferente. Ela apresenta um espírito aventureiro e curioso, que deseja saber o que existe para além das fronteiras em que seu povo vive. Talvez este seja o mesmo espírito que impelirá Bilbo e Frodo Bolseiro, muito tempo depois de sua existência, a abraçarem suas aventuras e fazerem a diferença em suas gerações.
Enquanto sua família deseja apenas seguir os demais, Nori quer saber o que existe para além dos limites em que caminharam até então. Ela compartilha seus sonhos e segredos com sua amiga Papoula, que não compreende muito bem esta determinação de Elanor. É incrível como, mesmo depois de conhecermos Bilbo, Frodo, Sam, Merry e Pippin, este grupo que é frágil e fraco, quando comparados às outras raças que compõem essa complexa sociedade, ainda possui a capacidade de nos encantar. E isto acontece justamente por estas características, que nos ajudam a entender a força que existe nos Hobbits e seus ancestrais. Quero comentar mais elementos sobre os Pés-peludos, mas por enquanto, vamos focar em nossa personagem de hoje.
Para Nori, a mudança no estilo de vida movido pela escassez de seu povo, passa necessariamente por se arriscar mais do que seus antepassados fizeram. Esta história pode nos ajudar a conversar a respeito do papel de nossas decisões e atitudes sobre nosso futuro. Ao longo dos anos de ministério, encontrei muitas pessoas que reclamavam da vida que levavam, seja pela inconstância em seu relacionamento com Deus, seja pelos problemas familiares, ou ainda pelas dívidas recorrentes que

geravam muito estresse e brigas em suas casas. Muitas vezes, estes irmãos e irmãs em Cristo, não conseguiam compreender sua parcela de responsabilidade nos problemas que estavam expondo, durante as sessões de aconselhamento que eu e Meiry tínhamos, de maneira especial com jovens casais. Queriam novas soluções, a partir das mesmas atitudes como, por exemplo, resolver seus problemas financeiros sem mudar os hábitos de consumo com gastos descontrolados, sem planejamento. Desejavam decretar o fim das brigas em casa, sem aprender a ouvir mais do que falar ou se colocar no lugar do cônjuge. Sonham em desenvolver o hábito das disciplinas espirituais, sem investir tempo de suas vidas em oração, leitura da Palavra e em estudos de sua fé. Compreende onde quero chegar?

Os Pés-peludos de nossa história, passaram gerações reagindo a uma sociedade que os amedrontava e faziam isso com razão! Como não temer um mundo onde todos, até mesmo os anãos, são maiores, mais fortes e mais habilidosos que você? Mas, em algum momento, que eu espero que venhamos a conhecer ao longo desta série, algo aconteceu e eles deixaram de se esconder e requereram seu lugar na Terra-média, quando passaram a viver no Condado, como mais uma raça entre tantas outras. A exposição gera visibilidade, e com ela, muitos perigos e desafios, mas o resultado foi incrível!

Outra dica de nossa missão é para você que está passando por problemas e desafios há bastante tempo, sem resultados. Mude de atitude, para ter novos resultados! Abrace a aventura de mudar para melhor em todas as áreas de sua vida, com o cuidado de enfatizar uma área de cada vez... a nossa jornada é um processo que dura a vida toda!

> *Desafio:* Quais são as áreas de sua vida que você gostaria de mudar, mas não tem conseguido? Anote cada uma delas enquanto escreve, e também o que você fez no último ano para mudar em cada uma delas. Agora, escreva uma nova atitude para cada área escolhida e aplique pelos próximos 30 dias para ver o resultado.

Dia 05

A AMBIÇÃO PODE NOS CEGAR

Pois onde há inveja e ambição egoísta, aí há confusão e toda espécie de males. Tiago 3:16

Celebrimbor é neto do lendário elfo ferreiro Fëanor, e o último de sua linhagem. Seu avô foi o responsável por forjar as Silmarils, três joias que continham a luz das árvores de Valinor. Estas joias atraíram a presença de Melkor, que ficou conhecido como Morgoth, o Rei das Trevas e do Poder do Escuro, que as roubou de Valinor, deixando um rastro de destruição nas Terras Imortais.

Desta forma, sua família está associada a grandiosidade de feitos que fizeram parte da História de seu mundo. Por isso, Celebrimbor tem o interesse em construir uma torre, com uma forja como a Terra-média jamais viu, para com ela dar vida ao seu sonho de remodelar o mundo com beleza e prosperidade. O senhor de Eregion, lar dos elfos ferreiros, recebe do Alto Rei Élfico, Gil-Galad, o envio de Elrond, que o ajudará neste intento. Nos livros, sua ambição o cegará para a chegada de Annatar, ou Senhor das Dádivas ou dos Presentes, que consegue conquistar a confiança dos elfos de Eregion, com seu discurso e conhecimento. O que Celebrimbor demora a descobrir é que Annatar era o próprio Sauron disfarçado, que desejava manipular e usar a tecnologia da cidade para forjar os Anéis de Poder, com o objetivo de controlar os líderes das três principais raças do mundo: Elfos, Anãos e Homens. Em seu plano de dominação, ele forjará secretamente o Um Anel, que poderia controlar todos os outros. Seu plano não funciona completamente, já que os anãos não foram afetados pelo seu poder,

e os elfos receberam anéis livres da influência maligna, pois Celebrimbor os forjou secretamente. Apenas os homens serão corrompidos pelas joias, dando origem às criaturas conhecidas como Nazgûl.

Vamos assistir ao desenrolar desta história na série "Os Anéis de Poder" que, enquanto escrevo, está apenas começando. Porém, já podemos extrair uma importante lição de sua biografia nos livros de Tolkien: a ambição pode nos cegar!

Na ânsia de colocar seu nome na história dos elfos, por meio de sua forja lendária, Celebrimbor não percebeu a aproximação do mal através de Annatar/Sauron.

Vivemos em uma sociedade cercada de ambição por todos os lados e isto não é novidade para ninguém. Precisamos tomar cuidado para não sermos dominados por uma ambição egoísta, que venha a fazer mal para outras pessoas. Vamos observar o que o dicionário nos revela a respeito deste conceito:

1. Desejo veemente de poder ou do que dá superioridade. Avidez, cobiça;
2. Grande desejo de realizar ou atingir algo. Aspiração.

Olhando para estas duas definições, percebemos que existem duas linhas de análise para a ambição: uma benéfica e outra maléfica. A primeira pode ser compreendida como uma Aspiração, ou desejo em alcançar determinado objetivo. Esta ambição nos ajuda a sair da zona de conforto e caminhar rumo às mudanças em nossas vidas para melhor.

A segunda ambição é nociva, pois busca superioridade e poder. Ora, pra ter superioridade, é fundamental que exista outra pessoa para que a comparação possa existir. Assim, esta ambição é egoísta, e por esta razão, deve ser evitada a todo custo.

A linha é tênue entre os dois conceitos, por isso, o quinto princípio a ser compreendido neste Devocional é discernir as motivações que temos para alcançar nossos objetivos. Só assim saberemos distinguir sob qual ambição estamos caminhando.

Celebrimbor foi enganado por bastante tempo, pois tudo o que ele conseguia enxergar era seu nome na história dos elfos. Sua ambição o cegou para a presença maligna de Sauron. Tome cuidado para não cair na mesma armadilha!

Desafio: Você se considera uma pessoa ambiciosa? A partir dos conceitos aprendidos hoje, faça uma pesquisa mais profunda sobre os conceitos de ASPIRAÇÃO, COBIÇA e AVIDEZ para compreender melhor a raiz da ambição.

Dia 06

A SOBERBA ANTECEDE A QUEDA

A soberba precede a ruína, e a altivez do espírito precede a queda.
Provérbios 16:18

Gil-galad foi o último Alto Rei dos Noldor da Terra-média, mantendo grande autoridade sobre os elfos, governando e sendo muito respeitado, tanto pelos Noldor, quanto pelos Sindar, dois dos grandes clãs élficos na obra de Tolkien. Após a Guerra da Ira, que derrotou o primeiro Senhor do Escuro, Morgoth, o Alto-Rei não ouviu os apelos de Galadriel sobre o perigo que Sauron, um dos tenentes do senhor derrotado, ainda representava. Mesmo com estes alertas, Gil-galad decretou o fim da busca por Sauron, premiando os soldados remanescentes a irem às Terras Imortais de Valinor.

É muito interessante que o líder máximo dos elfos, do alto de sua sabedoria, não tenha percebido o perigo iminente, que traria dor e sofrimento por milênios para toda a Terra-média. O alerta de Galadriel, somado aos relatos que vinham das terras do sul, não foram suficientes para mover o Alto Rei em direção a ação neste momento. Apenas mais tarde, quando a guerra não poderia mais ser evitada, Gil-galad forma a Última Aliança entre elfos e homens, junto ao rei Elendil, onde enfrentarão juntos Sauron pela última vez, pois ambos os reis morrerão nesta batalha.

Como um contraponto interessante, os Pés-peludos, raça de refugiados, muito mais simples e sem os recursos dos elfos, conseguiram perceber os sinais de que algo não estava certo em sua realidade. Os elfos ignoraram os indicativos da presença de Sauron, aparentemente por causa do privilégio de viverem muito mais que os demais povos, além de sua grande sabedoria.

Vamos aproveitar o personagem deste dia para conversar a respeito deste sentimento que tem um potencial destrutivo gigantesco: a arrogância! Uma das definições para esta palavra pode ser a seguinte: *Orgulho que se manifesta por atitude de prepotência ou desprezo com relação aos outros.*

A Bíblia relata o exemplo de um homem que começou muito bem sua jornada, mas gradativamente, por causa de sua arrogância e prepotência, afastou-se de seu chamado e propósito. Seu nome é Saul, e ele foi o primeiro rei de Israel.

O povo pede a Deus um rei similar àqueles que os povos cananeus possuíam. O profeta Samuel unge Saul para esta função. Ele começa muito bem o seu reinado, com coragem e ousadia, pensando no povo oprimido pelos inimigos estrangeiros, como no caso da comunidade de *Jabes-Gileade*, atacada pelos amonitas. Suas decisões neste evento unem o povo em torno de sua liderança e esta história tinha tudo para terminar maravilhosamente bem, mas não é o que acontece. Gradativamente, Saul comete sucessivos erros em seu reinado que tem como resultado a perda gradativa de sua autoridade, ao ponto do profeta Samuel, obedecendo ordens do Senhor, ungir um novo rei: o jovem Davi, filho de Jessé.

E nunca mais viu Samuel a Saul até o dia da sua morte; porque Samuel teve dó de Saul. E o Senhor se arrependeu de haver posto a Saul rei sobre Israel.
1 Samuel 15:35

A arrogância de Saul, na segurança de seu palácio, aliou-se à prepotência de achar que tinha poderes que não possuía como, por exemplo, quando oferece sacrifícios no altar de holocausto, uma função exclusiva dos profetas. O fim de sua vida é muito triste, mostrando que Saul se perdeu completamente de sua missão inicial, ao consultar uma necromante para tentar acessar o espírito do profeta Samuel, morto há muito tempo. Diferente do Alto Rei Gil-galad, que mudou de posicionamento, acordando para a perigosa realidade de seu tempo, terminando sua longa vida como um herói ao lado de Elendil. Já Saul, o primeiro rei de Israel, simplesmente não mudou, permanecendo no erro até o fim de sua trágica vida.

A lição que a história destes dois reis nos deixa, um fictício e outro real, é que nunca devemos permitir acreditar que somos melhores ou autossuficientes. O mundo e nossas vidas são complexas demais para querermos ter as respostas para tudo. Que possamos combater a prepotência com a humildade. A mesma humildade que Cristo exerceu na terra, mesmo sendo Deus!

> *Desafio:* Leia os três capítulos chave para compreender a trágica jornada do rei Saul, resumidas no Devocional de hoje: 1 Samuel 11, 1 Samuel 15 e Samuel 28.

Dia 07

COMO AJUDAR OS REFUGIADOS?

O estrangeiro residente que viver com vocês será tratado como o natural da terra. Amem-no como a si mesmos, pois vocês foram estrangeiros no Egito. Eu sou o Senhor, o Deus de vocês. Levítico 19:34

Muito antes dos Hobbits, seus ancestrais se dividiam em três grupos principais: *Os Grados, os Cascalvas e os Pés-peludos*. Todos eles têm histórias fascinantes para serem contadas, mas devido ao espaço que temos, vamos focar no terceiro e mais numeroso deles. Tolkien os descreve como o mais numeroso e o de menor estatura. Durante a segunda Era, os Pés-peludos eram coletores, habitando na região das Montanhas Nebulosas, no Vale do *Anduin*. Periodicamente, o grande grupo partia para outros locais, quando os alimentos escasseavam. Uma grande habilidade dos Pés-peludos era a camuflagem, quando se sentiam ameaçados por invasores desavisados que porventura entrassem em seus acampamentos.

O detalhe que mais chamou a minha atenção, ao assistir os primeiros episódios da série "Os Anéis de Poder", foi o contraste entre eles e todos os demais núcleos do programa. Enquanto todas as grandes raças viviam tempos de prosperidade (Elfos em Lindon, Anãos em Khazad-dûm e homens em Númenor), os Pés-peludos se comportavam como refugiados, torcendo para conseguirem comer durante os próximos dias. Embora não fossem atores centrais nas decisões dos grandes líderes da Terra-média, eram diretamente afetados pelas consequências das guerras e dos embates entre eles.

Trazendo esta conversa para o nosso mundo, segundo o Alto Comissariado das Nações Unidas para os Refugiados (ACNUR), todos os dias, o mundo ganha cerca de 28.000 novos refugiados. As estatísticas revelam que existem hoje cerca de 65 milhões de pessoas longe de suas casas, fugindo da perseguição religiosa ou étnica. No perfil destes grupos, destacam-se mulheres, crianças e idosos.

A Bíblia mostra, no Antigo Testamento, que o povo de Israel deveria receber o estrangeiro como se fosse um "natural da terra". Afinal, eles sabiam muito bem o que era ser um povo refugiado em uma nação estrangeira, pois haviam sido escravos no Egito.

Já no Novo Testamento, percebemos que todos aqueles que são Filhos e Filhas de Deus, são estrangeiros e peregrinos na terra, na medida em que per-

tencemos a um Reino que não é deste mundo. Segundo as palavras de Jesus:

Eles não são do mundo, como eu também não sou. João 17:16

O apóstolo Paulo aprofunda este conceito sobre nossa verdadeira nacionalidade:

Portanto, somos embaixadores de Cristo. 2 Coríntios 5:20a.

Um embaixador é um representante de um determinado país, que vive em uma nação estrangeira. Assim, somos embaixadores, porque não pertencemos a este mundo, mas sim ao Reino de Deus! Descobrir que estamos na terra apenas de passagem, pode ser libertador para nossas vidas neste dia.

Enquanto estivermos aqui, seremos peregrinos, caminhando e lutando, para um dia podermos finalmente passar a eternidade em nossa verdadeira morada, com o Deus que nos amou desde a fundação do mundo.

Ao mesmo tempo, não podemos fechar nossos olhos para todos aqueles que são refugiados no sentido literal da palavra, sendo de fato, peregrinos em nossos dias. Precisamos orar por eles, e também investir recursos para amenizar o sofrimento destas pessoas, que devem receber o amor de Deus através de nossas vidas! Existem diversas Organizações Não Governamentais que se dedicam para diminuir o sofrimento destes grupos por todo o mundo. No desafio de hoje, vamos aprofundar o conhecimento a seu respeito. Podemos e devemos fazer algo pelos refugiados de nossos dias, afinal, somos todos peregrinos nesta terra!

Desafio: Que tal pesquisar sobre este assunto e propor um culto temático para integrar sua igreja local sobre esta importante questão? Além de conversar e explicar, tenham um tempo de oração sobre os refugiados em seu país. Faça uma pesquisa na Internet sobre ONG's que ajudam refugiados no Brasil e veja como você e sua igreja podem se envolver com o cuidado e a integração destes grupos de estrangeiros que têm vindo ao nosso país, fugindo da fome, da guerra e da perseguição!

Dia 08

IDENTIFIQUE SEU VERDADEIRO INIMIGO

Pois tais homens são falsos apóstolos, obreiros enganosos, fingindo-se de apóstolos de Cristo. Isso não é de admirar, pois o próprio Satanás se disfarça de anjo de luz. 2 Coríntios 11:13,14

Na aurora dos tempos, Sauron foi um dos *maiar* mais poderosos. Ele foi atraído pela liderança do Vala *Melkor*, que seria conhecido como *Morgoth*, o primeiro Senhor do Escuro. Sauron torna-se então, seu tenente mais fiel, e o segundo na linha de comando de seus exércitos. Com o fim da Guerra da Ira, *Morgoth* é derrotado, sendo aprisionado nos confins do mundo conhecido. Com o fim do conflito, Sauron é convocado a comparecer em Valinor para ser julgado e condenado pelos Valar. Ele desobedece a ordem, permanecendo oculto por séculos. Quando os elfos deixam oficialmente de procurar por ele, Sauron ressurge como Annatar, ou Senhor dos Presentes. Assumindo uma nova forma, tinha como objetivo enganar os elfos ferreiros de Eregion, em especial, Celebrimbor, seu líder.

Aproveitando-se do desejo de grandeza do representante da cidade élfica, Sauron o persuadiu a construir os Anéis de Poder, dezenove joias forjadas em Eregion, com a participação direta de Annatar na construção de dezesseis delas. Os três anéis restantes, forjados para os elfos, foram construídos por Celebrimbor. Por fim, a joia chamada de Um Anel foi criada secretamente por Sauron no núcleo da Montanha da Perdição. Ele tinha a função de comandar todos os portadores dos demais anéis.

Quando finalmente os elfos descobriram seus planos sinistros, o expulsam de Eregion. Mesmo assim, Sauron consegue a posse dos anéis destinados aos mortais: nove para os homens e seis para os anões. Os homens, mais suscetíveis ao poder da corrupção e do mal, transformam-se em escravos do Senhor das Trevas, conhecidos desde então como as criaturas Nazgûl ou Espectros do Anel. Os anãos não foram afetados da mesma forma, mas prosperaram de maneira inimaginável, gerando em seu interior uma ganância desenfreada, trazendo de certa forma a ruína desta raça.

A capacidade de Sauron em alterar sua forma original e aterrorizante, para ser aceito pelos elfos, é um elemento muito interessante para nosso Devocional de hoje.

Vivemos na era das redes sociais e dos algoritmos que nos informam quais conteúdos gostaríamos de assistir. Isso é muito bom por um lado, mas por outro, nos insere nas famosas "bolhas" de opinião, onde consumimos apenas os conteúdos com os quais concordamos.

Esta revolução digital tem gerado grupos que imaginam que aqueles que não fazem parte desta mesma bolha de informação, não são pessoas que simplesmente pensam diferente, mas que, em última instância, são seus inimigos! Estamos presenciando um acirramento de ânimos das pessoas pelos motivos mais banais. Corremos o risco de tratar nosso próximo como alguém que precisa ser derrotado, seja nos comentários de seus posts, seja em confronto direto. Acreditamos que precisamos vencer e derrotar aqueles que não estão "conosco", pois se não estão com a gente, estão "contra" nós...

Quando olhamos para a Palavra de Deus, vemos Jesus simplificando, de maneira magistral, toda a Lei e os Profetas com a seguinte afirmação:

> *Ele respondeu: "Ame o Senhor, o seu Deus de todo o seu coração, de toda a sua alma, de todas as suas forças e de todo o seu entendimento" e "Ame ao próximo como a si mesmo". Lucas 10:27*

Neste sentido, não temos respaldo bíblico para transformar nossas redes sociais em "ringues" onde queremos discutir e brigar com pessoas que, mesmo que pensem diferente de nós em alguns aspectos, sejam religiosos, culturais ou políticos, ainda assim, precisam receber o amor de Deus em suas vidas através do nosso testemunho! Nunca perca de vista o nosso verdadeiro inimigo, que precisa ser detectado, mesmo que se disfarce de um anjo de luz.

Desafio: Faça um exercício filosófico para sua vida. "Quebre" o algoritmo de sua rede social, buscando informações em grupos que discordam de seu ponto de vista, para ouvir o que eles têm a dizer sobre os temas que você escolher. Este exercício é muito bom para mostrar que podemos discordar, mas se somos cheios do amor de Cristo, jamais brigar!

Dia 09

CUIDADO COM AS BOAS INTENÇÕES

Assim fez Salomão o que parecia mal aos olhos do Senhor; e não perseverou em seguir ao Senhor, como Davi, seu pai. 1 Reis 11:6

A Rainha Regente Míriel assumiu o trono de Númenor quando seu pai, o rei Tar-Palantir foi exilado por permanecer leal aos Elfos. Para compreender esta hostilidade, é preciso voltar no tempo para a origem desta grande ilha. Númenor foi dada como um presente aos homens pelos Valar, em virtude da vitória contra *Morgoth*, durante a Guerra da Ira. A aliança entre as duas raças foi muito duradoura. Porém, à medida em que o reino prosperou e desenvolveu sua economia, desejavam navegar até as Terras Imortais. Como os homens eram proibidos de acessar estes territórios, mas os elfos não, gradativamente, os numenorianos passaram a invejar a imortalidade e o favor dos Valar sobre os elfos. Esta hostilidade escala ao ponto de colocarem o rei Tar-Palantir, fiel às tradições de seu povo, no exílio em seu próprio Reino, enquanto sua filha Míriel, assume o trono, para conter as revoltas e dar ao povo o discurso que eles queriam ouvir. Assim, por algum tempo, Númenor desfrutou de paz e prosperidade.

Desta forma, a rainha regente tomou uma difícil decisão, que se mostrou comprovadamente equivocada, pois a ilha e o Reino foram destruídos. Ela abandonou as tradições ancestrais de amizade com os elfos, para abraçar as novas ideias de isolamento e ressentimento, pois o povo acreditava que não precisava formar alianças com as outras raças da Terra-média. Nos livros, Míriel perde o trono para seu conselheiro e esposo Ar-Pharazôn, que assume assim que o rei legítimo acaba morrendo. Sob a influência de Sauron, o rei usurpador toma uma série de decisões desastrosas que culminarão na destruição total da cidade e o fim do lendário reino de Númenor.

Nas Escrituras, existem alguns exemplos de reis que abandonaram as tradições de seus antepassados, e adotaram práticas comuns aos povos cananeus. Talvez o maior exemplo deste comportamento seja o do rei Salomão, homem mais sábio que já existiu, pois conforme nos informa o autor do livro de Reis:

E era a sabedoria de Salomão maior do que a sabedoria de todos os do oriente e do que toda a sabedoria dos egípcios. 1 Re 4:30

Mesmo sendo sábio, talvez com boas intenções de evitar uma guerra contra os adver-

sários, o rei preferiu estabelecer alianças através do casamento do rei com mulheres da nobreza estrangeira:

> *E o rei Salomão amou muitas mulheres estrangeiras, além da filha de Faraó: moabitas, amonitas, edomitas, sidônias e hetéias. 1 Re 11:1*
> *E tinha setecentas mulheres, princesas, e setecentas concubinas; e suas mulheres lhe perverteram o coração. 1 Re 11:3*

Uma estratégia com um objetivo bastante claro de estabelecer alianças com povos estrangeiros, ao mesmo tempo em que procurava se adequar ao formato de suas cortes, mostrou-se uma verdadeira catástrofe. O filho de Davi trouxe, junto com as princesas, rituais e templos dos locais de suas origens, pervertendo a fé no Deus de Israel. No fim da vida, o homem mais sábio da terra havia sucumbido aos deuses de suas esposas.

> *Porque Salomão seguiu a Astarote, deusa dos sidônios, e Milcom, a abominação dos amonitas. 1 Re 11:5*

O resultado prático de suas escolhas foi, em última instância, a divisão do Reino de Israel em duas partes, destruindo a unidade construída pelo rei Davi. Tanto a trágica Queda de Númenor, e as escolhas da Rainha Regente Míriel, quanto à Queda do Reino Unido de Israel, pelas escolhas do rei Salomão, podem nos ensinar uma importante lição no Devocional de hoje. Boas intenções, se contrariarem a Palavra de Deus, nos levarão a péssimos resultados que podem prejudicar não apenas a nós, mas também as futuras gerações!

> **Desafio:** Você consegue identificar, em nossa sociedade, outras atitudes que podem parecer boas intenções, mas que são contrárias à Palavra de Deus? Dou um exemplo para ajudar. "Vou mentir para meus pais para os poupar do desgosto de saber a verdade sobre o que estou fazendo".

Dia 10

AS VERDADES NECESSÁRIAS

Porque eles não deram atenção às minhas palavras", declara o Senhor, "palavras que lhes enviei pelos meus servos, os profetas. E vocês também não deram atenção! ", diz o Senhor. Jeremias 29:19

Arondir é um Elfo Silvestre da região de Beleriand, antes de sua destruição. Ele recebeu como missão vigiar os homens das Terras do Sul, pois seus antepassados causaram muitos estragos, ao se aliarem a *Morgoth*. Sua vigília durou cerca de 79 anos e durante este período ele se apaixona por Bronwyn, uma humana do vilarejo de Tirharad, que vivia com seu filho Theo. Ele vai até a torre de vigia de Ostirith, onde busca conselho com o sábio Médhor, que o alerta sobre os riscos que este tipo de relacionamento possui.
Neste momento, um emissário do Alto Rei Gil-galad, trouxe a mensagem de que a ocupação dos elfos nas Terras do Sul estava concluída. Na contramão da felicidade de seus companheiros, que estavam prestes a retornar para suas casas após um período tão longo obedecendo as ordens do Alto Rei, Arondir fica transtornado com a possibilidade de retorno. Seja por perder o contato com Bronwyn, seja porque os sinais nestas terras apontavam para algo muito distante da normalidade que Gil-galad afirmava existir. Por esta razão, o elfo não retorna com seus companheiros e passa a investigar eventos que o levam até a cidade de Hordern, que havia sido saqueada e queimada. Ao descobrir uma rede de túneis sob a cidade, Arondir segue por este caminho e é feito prisioneiro pelos Orcs. Após muito sofrimento, conhece seu líder, o misterioso Adar, que o mantém vivo com a missão de retornar até o povo de Tirharad, para os avisar das opções que possuem neste momento: submissão total ou destruição pelas hordas de Orcs.
Arondir faz parte de um seleto grupo de personagens da série "Os Anéis de Poder" que tem uma percepção distinta da realidade. Enquanto a grande maioria está celebrando o fim do mal e a paz na Terra-média, o elfo silvestre faz uma leitura, que se mostra correta, diferente do contexto e da realidade a sua volta. A Bíblia também nos apresenta um seleto grupo de pessoas que tinha esta mesma percepção, que ia contra a opinião da maioria, mesmo

quando Israel vivia um período de aparente paz e tranquilidade. Este grupo era formado pelos profetas.

Eles eram homens cheios da presença de Deus que conseguiam olhar os acontecimentos a partir das Escrituras. Por esta razão, eles estavam aptos a declarar verdades necessárias, muitas vezes amargas, com relação ao comportamento reprovável do povo perante o Deus que eles serviam. Como precisamos de homens e mulheres que tenham uma visão profética alinhada com a Palavra de Deus, exortando a Igreja de Cristo para que a mesma seja edificada em sua geração!

Este estilo de vida dos profetas do Antigo Testamento é o grande segredo que eu e você precisamos aprender no dia de hoje! Nossos olhos devem estar focados não na realidade à nossa volta, mas sim ao que as Escrituras dizem sobre nosso coração. Muitas vezes podemos frequentar a igreja, declarando que amamos a Deus e a nossos irmãos, apenas da boca para fora. Em nosso interior, a verdade pode ser muito diferente.

Na superfície, tudo está aparentemente tranquilo e normal, mas no mais profundo de nosso ser, algo pode estar muito errado. Por isso, precisamos aprender a olhar para nós mesmos a partir do que a Bíblia diz a nosso respeito como seres humanos. As mesmas verdades amargas, que os profetas tinham a coragem e a ousadia de dizerem ao povo, que estava fora do propósito de Deus, servem para nossas vidas, em diversos momentos de nossa jornada.

Em sua vida, quem é a pessoa que pode ser um profeta ou profetiza de Deus para te exortar e edificar? Essa pessoa pode dizer as verdades necessárias que você precisa ouvir, quando o caminho à sua frente parece duvidoso? Ao mesmo tempo, você pode ser uma voz de alinhamento para outras pessoas em dúvida em sua geração?

Desafio: Escolha um dos chamados Profetas Menores em sua Bíblia e faça a leitura do livro todo. Depois de ler, pesquise sobre o contexto em que viveu: período, local e o que estava acontecendo com o povo com quem ele falou. Este exercício vai ajudar a compreender melhor o discurso profético!

Dia 11

EXPERIMENTE VIVER SUA AVENTURA INESPERADA

Porque eles não deram atenção às minhas palavras", declara o Senhor, "palavras que lhes enviei pelos meus servos, os profetas. E vocês também não deram atenção!", diz o Senhor. Jeremias 29:19

Bilbo Bolseiro é um *Hobbit* solteirão na casa dos 50 anos de idade, que vive confortavelmente no Condado. Sua vida muda drasticamente quando recebe a visita do Mago Gandalf e de treze anões que o contratam com a função de ladrão em uma jornada para recuperar a Montanha Solitária e os tesouros dos anões do Dragão Smaug. Mesmo sentindo-se incapaz e nunca tendo saído do Condado, ele aceita a empreitada e viaja por quase toda a Terra-média. O pequeno Hobbit salva o grupo inúmeras vezes dos perigos que encontram pelo caminho. A aventura será bem-sucedida, o grupo recuperará o tesouro, e parte dele será dividido entre os membros da comitiva. Por isso, Bilbo retorna rico ao Condado, apenas para descobrir que seus "amigos" e parentes estavam disputando seus bens e sua casa, por acreditarem que ele estava morto, após tanto tempo sem retornar ao seu lar.

O fim de sua jornada totalmente inesperada, revela que Bilbo Bolseiro já não era mais o mesmo Hobbit acomodado e confortável em sua vida pacata e tranquila. Ele viu e viveu experiências que não poderia ao menos imaginar, na posição cômoda em que se encontrava. Ele precisou dar o primeiro passo para fora do Condado, confiando no convite de um Mago e uma comitiva de anões. Além de ter se tornado mais sábio, com uma visão do mundo muito distinta daquela que tinha antes, suas ações seriam fundamentais para o início da Guerra do Anel, que aconteceria seis décadas depois de sua primeira aventura.

Da mesma forma como nosso personagem de hoje, a maioria de nós também gosta do conforto e da estabilidade, e não existe nada de errado com esta perspectiva. Temos uma rotina, família, trabalho, estudos, amigos, enfim, nossa vida. Não teremos magos ou anãos batendo em nossa porta nos chamando para derrotar um perigoso dragão para ganharmos um tesouro fabuloso em troca. Neste sentido, como acontece este chamado na prática?

No meu caso em particular, o chamado aconteceu em uma noite fria de Curitiba no ano de 2002. Um convite para um culto, o qual aceitei, mais para agradar quem me convidou, do que por vontade de participar. Neste dia, a partir da Palavra de Deus pregada, tivemos (eu e Meiry) uma poderosa experiência que nos levou a aceitarmos a Jesus como Senhor e Salvador. Posso dizer com segurança que nossa vida nunca mais foi a mesma desde então, pois muitas coisas aconteceram ao longo destas duas décadas de cristianismo.

Sofremos retaliações de parentes e amigos, enfrentamos muitos desafios, abrimos mão de muitas coisas e deixamos para trás oportunidades que não estavam alinhadas com nossa nova visão de mundo. Por outro lado, desde que tomamos esta decisão, presenciamos eventos que nunca poderíamos sequer imaginar. Vimos vidas transformadas pelo amor de Deus, mentes sendo renovadas, pessoas curadas em seu corpo e em sua alma, famílias reestruturadas, entre muitas outras experiências fantásticas que renderiam um livro inteiro!

É importante que você não se esqueça de tudo o que já viveu com Jesus, pois estes momentos formarão uma das principais armas para cumprir a missão de pregar o Evangelho: seu testemunho. Antes dos estudos bíblicos e de servir aos irmãos, todos nós temos ao menos uma experiência para compartilhar com as pessoas!

O mais incrível de toda esta grande jornada inesperada chamada cristianismo, está justamente no fato de que ela não termina quando aceitamos a Cristo como Senhor e Salvador. Na verdade, esta é apenas a introdução do grande épico que será escrito a partir deste dia glorioso!

Desafio: Como foi a sua conversão ao cristianismo? Você se recorda de detalhes importantes a este respeito? Descreva em formato de texto todos os acontecimentos deste dia especial. Conte como foram os dias que antecederam e os que sucederam este grande evento. Como estava sua vida neste período? O que te levou a uma igreja pela primeira vez? Já presenciou algum milagre? Responder a todas estas questões vai ajudar a formar seu testemunho pessoal, que será um instrumento poderoso para falar de Jesus para todos aqueles que ainda não O conhecem!

Dia 12

VOCÊ NÃO NASCEU PARA O EXÍLIO

Na casa de meu Pai há muitos aposentos; se não fosse assim, eu lhes teria dito. Vou preparar-lhes lugar. João 14:2

Thorin II, conhecido como Escudo de Carvalho, é o herdeiro legítimo de Erebor, uma das grandes cidades dos anãos. Eles são conhecidos por suas habilidades em extrair do solo metais e pedras preciosas através de técnicas de mineração. O avô de Thorin, consumido pela ganância, multiplicou esforços para extrair riqueza da *Montanha Solitária*, atraindo assim, a atenção do último dragão da Terra-média, Smaug. Ele destruiu as defesas da cidade, conduzindo o povo de Thorin ao exílio nas Montanhas Azuis. Anos mais tarde, após encontrar "casualmente" o mago Gandalf, Thorin vai organizar uma comitiva de anãos para retomarem a sua terra natal.

Assim como ele, nós também temos sangue real correndo em nossas veias espirituais. Não fomos criados para a miséria espiritual, para a mendicância emocional ou para a necessidade material. De acordo com o apóstolo Paulo:

Se somos filhos, então somos herdeiros; herdeiros de Deus e co-herdeiros com Cristo, se de fato participamos dos seus sofrimentos, para que também participemos da sua glória. Romanos 8:17

Enquanto estamos na terra, vivemos no exílio do Reino por Cristo conquistado. Entre nós e a promessa dada por Jesus, para aqueles que perseverarem e permanecerem até o fim, está o Dragão, chamado por muitos nomes em nosso mundo. Ele é nosso inimigo e fará tudo o que puder para que não alcancemos esta promessa. O apóstolo João ilustra esta verdade no livro de Apocalipse:

Ele prendeu o dragão, a antiga serpente, que é o diabo, Satanás, e o acorrentou por mil anos; Apocalipse 20:2

Durante a missão de alcançar nosso destino, existem muitos contratempos e distrações. Vivemos num mundo frenético, em que é muito fácil nos perdermos de nossos objetivos, pois nosso inimigo é astuto e perspicaz. Já conversamos sobre a importância de nosso testemunho. Por isso, neste devocional, gostaria de falar sobre aquilo que Davi chamou de "Alegria da Salvação".

Devolve-me a alegria da tua salvação e sustenta-me com um espírito pronto a obedecer. Salmos 51:12

Uma das principais estratégias de Satanás é nos afastar dos primeiros dias da vida cristã, para que venhamos a perder nossa identidade, em meio aos problemas e desafios da vida. Com isso, é muito fácil, nos esquecermos de quem somos e qual é o nosso verdadeiro destino na terra.

Devemos aprender a sermos resilientes em nossa fé. Isso diz respeito a permanecermos firmes diante dos momentos de dificuldade. Manter a alegria da salvação é fundamental para um cristianismo dinâmico e relevante em nossa geração! Sem esta alegria, que é fruto de um relacionamento maduro com Cristo, forjado nas disciplinas espirituais, todas as demais atividades serão um grande fardo a ser carregado. Ir à igreja, contribuir com liberalidade, servir uns aos outros, investir nossas vidas por este propósito só valerá a pena se estivermos conectados com nossa história cristã. Não deixe a tristeza ou os problemas do dia a dia desalinharem sua origem e o seu destino final, pois é disso que se trata nossa conversa de hoje!

Thorin não se contentou em ser um ferreiro no exílio, mas decidiu retornar ao seu verdadeiro lar, mesmo que o preço a ser pago fosse sua própria vida. Nosso destino definitivo também não é este em que estamos agora. Você está preparado para passar a Eternidade ao lado de Cristo?

Desafio: Como podemos manter a alegria da Salvação mesmo em meio a problemas e decepções? A resposta está na perseverança. Por esta razão, anote todos os momentos de crise que você passou nos últimos cinco anos e como Deus livrou você, dando a vitória sobre o problema! Lembrar do que Cristo já fez em sua vida é a certeza de que a crise de hoje será superada em nome de Jesus!

Dia 13

FUJA DA AVAREZA

Não acumulem para vocês tesouros na terra, onde a traça e a ferrugem destroem, e onde os ladrões arrombam e furtam. Mas acumulem para vocês tesouros no céu, onde a traça e a ferrugem não destroem, e onde os ladrões não arrombam nem furtam. Pois onde estiver o seu coração, aí também estará o seu coração. Mateus 6:19-21

Smaug é o último dos dragões da Terra-média, que surgiu por volta do ano 2770 da Terceira Era. Extremamente poderoso, ele era uma das preocupações de Gandalf com o futuro sombrio que todas as raças estavam prestes a presenciar.

Quando o dragão ouviu a respeito das riquezas que os anãos de Erebor estavam acumulando sob a Montanha, resolveu tomá-la. Com uma pele escamosa extremamente resistente a flechas e com uma capacidade de lançar rajadas de fogo, conquistou facilmente a cidade dos anãos que estavam preocupados apenas com as riquezas e não perceberam o mal se aproximando. Smaug passou muito tempo em meio às riquezas que roubou, porém não usufruiu destes bens.

Gandalf tinha receio de que o dragão pudesse ser usado como uma arma por Sauron na Guerra que se aproximava, por isso convence Thorin a retomar Erebor e enfrentar Smaug. Bilbo Bolseiro é inserido na comitiva a pedido do próprio mago. Quando o dragão descobre a comitiva, fica extremamente irado com a ousadia dos anãos e desconta sua ira na Cidade do Lago, a mais próxima da Montanha Solitária.

Arqueiros tentam derrubá-lo, mas suas escamas eram extremamente resistentes, com exceção de um ponto fraco, uma escama que havia sido retirada anos atrás por uma flecha negra. Bard, o Arqueiro, o verdadeiro herdeiro do trono da Cidade do Lago, consegue o feito com a flecha negra que recebeu de herança de sua família. Os ossos do dragão ainda estão no fundo do lago, séculos após a sua morte, pois ninguém se atreveu a chegar próximo das águas que guardam seus restos mortais. O último dragão da Terra-média pode nos ensinar um poderoso princípio para nossa vida no Devocional de hoje. A figura de Smaug, um dragão inteligente, porém desprovido de propósito ao permanecer décadas no interior da montanha, representa a Avareza e é esta a lição que devemos tomar para nossas vidas neste dia. Muitas pessoas passam a vida toda correndo atrás de objetivos financeiros e profissionais para si. Quando alcançam estes objetivos, simplesmente perdem o senso de propósito, enterrando-se nos recursos que acumularam, enquanto o mundo à sua volta se desfaz em miséria e desespero. O resultado deste comportamento é uma vida medíocre e vazia, como a de Smaug.

No início de nossa caminhada cristã, um casal foi muito importante em nossa formação. Albely e Joelma Lesnau ministraram o Curso de Noivos, algumas semanas após termos aceitado a Cristo, no longínquo ano de 2002. Albely dizia uma frase que guardo comigo até hoje: "Pessoas são mais importantes que coisas". Como uma simples frase pode fazer diferença em nossas vidas! Acumular riquezas e bens, sem com isso priorizar as pessoas que importam para nossas vidas, não faz muito sentido, como a Palavra de Deus nos alerta:

Lembrando as palavras do próprio Senhor Jesus, que disse: "Há maior felicidade em dar do que em receber". Atos 20:35

Precisamos nos preocupar com nossa vida financeira sim, precisamos planejar, trabalhar e controlar o que gastamos. Porém, em nossa mente e coração, deve estar claro que o mais importante é aquilo que o dinheiro não pode comprar. Uma reunião de família, o amor dos filhos, o avanço do Reino de Deus e o cuidado com aqueles que o Senhor ama!

Desafio: Partindo de tudo o que conversamos hoje, descreva atitudes que possam ajudar no combate a Avareza. Pode ser ajudar alguém que você saiba que esteja precisando, efetuar doações periódicas de alimentos para famílias necessitadas ou ainda participar mais ativamente da programação de assistência social em sua igreja local. Anote pelo menos três iniciativas e como você pode começar a colocar em prática cada uma delas.

Dia 14

VOCÊ FOI CHAMADO PARA FORA

Cada um cuide, não somente dos seus interesses, mas também dos interesses dos outros. Filipenses 2:4

Thranduil é o grande rei dos elfos da Floresta das Trevas, governando seu reino desde o início da Segunda Era, após a morte de seu pai Oropher. É o pai de Legolas, que será fundamental para o desfecho da Guerra do Anel. Thranduil buscará proteger seu povo dentro das muralhas da cidadela no meio da floresta verde, sem se importar com o que acontece com o restante da Terra-média. No entanto, seu erro foi deixar de perceber que o mundo está conectado e as consequências de sua negligência custarão muito caro para ele e para seu povo. O desenrolar da atuação da comitiva de anões na Montanha Solitária culminará em um grande conflito no qual o rei Elfo será obrigado a tomar partido e participar com seu povo. Este conflito entrará para a história como a Batalha dos Cinco Exércitos.

O Rei Élfico pode ser extremamente útil para nossa conversa de hoje. Da mesma forma como Thranduil se alienou ao que ocorria além das muralhas de sua cidadela, até ser tarde demais, muitos cristãos vivem alheios ao que acontece na sociedade. Vivemos tranquilos e protegidos dentro das paredes de nossas igrejas, sem darmos a devida importância ao contexto no qual estamos inseridos. Não podemos estar tão ocupados com as nossas atividades ao ponto de nos impedir de interagir e sermos relevantes para as pessoas próximas as nossas comunidades de fé. Relevância é uma palavra muito importante para os dias em que vivemos. Pense por um momento em sua igreja e no bairro em que ela está inserida. Hipoteticamente falando, no caso de sua igreja local desaparecer da noite para o dia, qual seria a falta que ela faria para o seu bairro? Será que as pessoas que não são cristãs protestantes como você, sentiriam falta de sua igreja?

Eu sou um grande entusiasta da história dos avivamentos ao longo dos séculos. Em vários momentos históricos, em diferentes ambientes geográficos, podemos, de certa forma "captar" um mover diferente por um certo tempo, onde coisas incomuns acontecem, de uma maneira poderosa. Após ler sobre vários destes momentos, é possível perceber dois sinais principais que apontam para a existência de um avivamento bíblico em determinado local.

O primeiro deles é o arrependimento genuíno da igreja de Cristo na terra. Tudo começa com uma igreja que ora e compreende que, diante da magnitude de Deus, não tem muito a oferecer.

> *Se o meu povo, que se chama pelo meu nome, se humilhar e orar, buscar a minha face e se afastar dos seus maus caminhos, dos céus o ouvirei, perdoarei o seu pecado e curarei a sua terra. 2 Crônicas 7:14*

O segundo sinal é um interesse crescente para que a igreja possa ser relevante onde estiver inserida para que, de fato, faça diferença em sua geração. Na medida em que o avivamento espiritual acontece, os índices sociais **precisam** melhorar! Violência doméstica, número de presos, criminalidade, fome, desabrigados, órfãos e desigualdade, diminuirão, na medida em que a Igreja assume seu papel trasnformador diante de uma sociedade que precisa ser tocada pelo amor de Deus!

> *E um de vocês lhe disser: "Vá em paz, aqueça-se e alimente-se até satisfazer-se", sem, porém, lhe dar nada, de que adianta isso? Tiago 2:16*

Colheremos apenas aquilo que plantarmos. Se não nos preocuparmos com os que perecem do lado de fora, não mudaremos a realidade de nosso bairro, cidade, país e planeta. Talvez esteja na hora de lembrarmos o significado da palavra igreja: aqueles que foram chamados para fora...

Desafio: Quais são os projetos sociais em que sua igreja atua neste momento? Você já participou ou se envolveu em alguma dessas iniciativas? Como você pode usar suas redes sociais e sua rede de contatos para ajudar a minimizar o sofrimento de pessoas que vivem no entorno de sua igreja local? Se não existir um trabalho neste sentido, converse com o seu pastor para que juntos possam iniciar este trabalho, que causará uma verdadeira revolução em seu bairro!

Dia 15

QUAL É O COMBUSTÍVEL QUE MOVE SUA VIDA?

Coloque-me como um selo sobre o seu coração; como um selo sobre o seu braço; pois o amor é tão forte quanto a morte, e o ciúme é tão inflexível quanto a sepultura. Suas brasas são fogo ardente, são labaredas do Senhor. Cantares 8:6

Legolas Verdefolha é o príncipe do Reino dos Elfos da Floresta das Trevas. Filho do rei Thranduil, pertence aos Sindar, um dos grandes grupos élficos na mitologia de Tolkien. Com sentidos muito aguçados, é um grande mestre-arqueiro, extremamente habilidoso, seja como mensageiro, seja como combatente em batalha. Seu pai ordena que ele proteja as fronteiras de seu Reino, pois criaturas maléficas começam a proliferar na Floresta, partindo da fortaleza, aparentemente abandonada, de Dol Guldur.

Os Elfos da Floresta capturam Thorin e a companhia dos anãos, que por sua vez, fugiam da perseguição dos Orcs. O intrigante grupo chamará a atenção da Chefe da Guarda Real da Floresta das Trevas, Tauriel, que acompanhará a comitiva quando estes fugirem de seus domínios. Então, Legolas deixará suas responsabilidades como Príncipe, para acompanhar a elfa, pois torna-se apaixonado por ela. Por esta razão, faria qualquer coisa para protegê-la. Os dois chegam até a Cidade do Lago, pouco antes do ataque do Dragão Smaug. Eles descobrem os planos dos Orcs, ao chegarem à Montanha-Fortaleza de *Gundabad*, em que um segundo destacamento das criaturas pretendia atacar de surpresa as forças reunidas nas proximidades de Erebor. Eles conseguem retornar a tempo de avisar seus aliados e de lutarem na Batalha dos Cinco Exércitos, batalha esta que é vencida pela aliança de Elfos, Anãos, Homens e Águias.

Gostaria de destacar neste Devocional o fabuloso poder que a paixão tem sobre nossas vidas. Legolas estava apaixonado, e por isso saiu dos limites de seu Reino, onde estaria seguro, para correr pelo desconhecido. A paixão foi o combustível que levou o elfo a lugares inimagináveis, muito distantes de sua casa.

Este sentimento avassalador é lembrado quando falamos de relacionamentos amorosos, mas envolve diversas outras áreas de nossas vidas. A paixão nem sempre será benéfica, pois ela tem a capacidade de nos fazer agir apenas com a emoção, deixando a razão de lado, o que é extremamente perigoso. Da paixão pelo time de futebol, ao prato preferido, passando ainda por candidatos políticos, precisamos tomar muito cuidado em não colocar esta paixão acima de nosso verdadeiro propósito, que é vivermos apaixonados por Jesus!

Ao longo da caminhada cristã, é muito comum cantarmos ou mesmo declararmos que estamos "apaixonados" por Cristo, e esta é uma declaração natural, afinal, somos cristãos. Todos os dias temos oportunidades de externar esta paixão com atitudes que sejam coerentes com o nosso discurso. Estamos dispostos a morrer pela nossa fé na canção, mas somos incapazes de ajudar ao pastor de nossa igreja com alguma programação importante para nossa comunidade de fé. Declaramos em alto e bom som, que nosso coração pertence a Ele, mas nossa agenda apertada não encontra espaço para alguns minutos de oração em Sua Presença. Cantamos ao Amado de nossas almas, mas não encontramos prazer em cuidar daqueles pelos quais nosso Mestre morreu na Cruz do Calvário. A partir do conceito de paixão que apresentamos a você, querido leitor, querida leitora, será que podemos dizer, com absoluta certeza, que estamos apaixonados por Jesus? Tome cuidado com os sentimentos que o movem em sua vida. Nem todos eles serão nobres e dignos.

Viver com intensidade, em todas as áreas de nossas vidas, deve ser o ponto central de uma vida dedicada, com sinceridade ao Senhor, para que a paixão nos conduza a níveis mais profundos de um relacionamento com Ele.

Desafio: Você pode demonstrar de maneira prática sua paixão por Cristo além das canções? O que você pode fazer como mostra de sua paixão por Ele durante esta semana? Reflita por alguns instantes sobre tudo aquilo que você considera ser apaixonado. Analise o tempo que você investe nestas "paixões" e como as defende perante as outras pessoas e compare com o tempo e defesa de Cristo em sua vida presente. Qual é a conclusão que você chega nesta reflexão?

Dia 16

O SACRIFÍCIO SUPREMO

E assim se cumpriu que fora dito pelo profeta Isaías: "Ele tomou sobre si as nossas enfermidades e sobre si levou as nossas doenças". Mateus 8:17

Frodo Bolseiro é um *Hobbit* que viveu no Condado, durante a Terceira Era da Terra-média. Adotado por seu tio Bilbo, o jovem recebeu como herança o Um Anel, fruto das famosas aventuras de seu tio com a comitiva de anãos em Erebor.
O Mago Gandalf faz o alerta sobre o perigo e o mal contidos na joia, o que leva Frodo, em seu trigésimo terceiro aniversário, a sair do Condado para levar o artefato até a Cidade dos Elfos, Valfenda. Será acompanhado por seu jardineiro e melhor amigo, *Sanwise Gangee*, por seu primo *Pippin Tûk* e também por *Meriadoc Brandebuque*. Durante o trajeto, o quarteto será auxiliado por Aragorn a chegar até a cidadela dos Elfos. Frodo esperava entregar a joia ao senhor de Valfenda, Elrond, que não aceita a oferta, restando a ele apenas uma alternativa: levar o Um Anel até a Montanha da Perdição, nas terras de Mordor, domínio de seu criador, Sauron, o Senhor do Escuro.

Uma sociedade composta por um Anão, um Elfo, um Mago, dois Humanos e os três Hobbits, se forma ao redor de Frodo, que se torna o Portador do Anel, em uma jornada de retorno improvável. O poder de corrupção da joia mostra ao Portador que ele não pode confiar em ninguém. Por isso, a parte final de sua missão será realizada apenas com a companhia de Sam e da criatura Gollum. Nas mãos da criatura mais frágil de todas as raças, está o destino de toda a Terra-média.
O poder maligno do artefato, desgasta e enfraquece Frodo a cada passo. Quanto mais próximo de seu objetivo, mais ele sente o poder do Criador do Anel. Muitos desafios acontecem ao longo do caminho, mas ele consegue concluir sua jornada, destruindo o Anel e derrotando Sauron, de uma vez por todas, oferecendo a to-

das as raças, uma nova Era de paz e prosperidade. Será recompensado por sua bravura e coragem, com uma viagem até as Terras Imortais, onde poderá ser curado das feridas e danos mentais que o tempo com o anel lhe causaram.
No Devocional de hoje, aprenderemos algo muito importante com este Hobbit, a respeito da missão de Jesus, em seu ministério terreno.

Frodo carregou todo o mal da Terra-média no Um Anel.
Jesus carregou todo o pecado do mundo na Cruz do Calvário.

Como Filho de Deus, ele deveria cumprir as Escrituras e o que elas profetizaram a respeito do Salvador, do Messias que seria enviado para o resgate da humanidade. O texto base de nosso devocional de hoje mostra o caráter da missão de Jesus, a partir do profeta Isaías. Neste sentido, o sofrimento de Cristo era necessário para que o Sacrifício Supremo fosse entregue e aceito como substituição ao pecado, não apenas de um homem, mas de toda a humanidade!

Contudo foi da vontade do Senhor esmagá-lo e fazê-lo sofrer, e, embora o Senhor faça da vida dele uma oferta pela culpa, ele verá sua prole e prolongará seus dias, e a vontade do Senhor prosperará em sua mão. Isaías 53:10

O Salvador do mundo sofreu e morreu de maneira horrível, para que eu e você tivéssemos esperança de uma vida melhor, tanto aqui na terra, quanto na Eternidade! Tudo isso porque a história de Jesus não termina com a Cruz! Algo incrível acontece no amanhecer do terceiro dia, após sua morte:

Foi sepultado e ressuscitou ao terceiro dia, segundo as Escrituras. 1 Coríntios 15:4

Desta forma, podemos compreender a importância do conceito da Graça divina, pois nenhum de nós é merecedor de tamanho ato de amor de Deus, ao entregar seu único Filho como resgate de muitos.
Jesus veio ao mundo como um Servo para redimir a humanidade. A Bíblia diz que ele voltará um dia! Desta vez, não mais como um servo, mas como um grande Rei!

Desafio: A obra de Cristo para a humanidade, por meio de sua morte e ressurreição, é um elemento central na doutrina cristã. Por isso, seu desafio, é falar sobre Jesus com pelo menos dois conhecidos neste dia. Seja criativo em sua abordagem, use as redes sociais e conte como foi a experiência para a gente! Mande seu relato para o direct de nosso Instagram @parabolasgeek.

Herdeiro legítimo de Isildur, Aragorn não quis ser reconhecido como tal e, por esta razão, assumiu o nome de Thorongil, ou águia das estrelas, por causa de uma grande estrela que decorava sua capa. Lutando como guerreiro errante, acompanhou os Rohirin e, mais tarde, lutou com o exército de Gondor por vários anos. Sua vida muda ao receber a missão, dada por Gandalf, de vigiar a Vila dos Hobbits. Uma espera de dezessete anos até o encontro com Frodo e seus amigos do Condado, na jornada que resultaria na Guerra do Anel.

Durante a guerra, precisará assumir sua identidade real para que possa contar com o auxílio do Exército de Mortos, contra os corsários de Umbar. Após a vitória contra Sauron, Aragorn será coroado Rei de Gondor. Depois de muitos anos lutando contra os aliados de Sauron que não haviam se rendido, passa o cetro do reino para seu filho Eldarion, morrendo em seguida.

A impressionante história do herdeiro que não assume suas prerrogativas reais para obter vantagens ou benefícios em sua vida, pode nos oferecer uma grandiosa analogia sobre a dupla natureza de Cristo.

Aragorn era o rei dos homens por direito, mas não reivindicou o trono, da mesma forma como Jesus durante seu ministério terreno. Mesmo possuindo poder suficiente para impor sua vontade na terra, adotou uma postura humilde, sendo obediente a vontade de Deus até a morte na cruz.

Jesus ressuscitou ao terceiro dia e depois de um período com seus discípulos, ascendeu aos céus, deixando uma promessa que ecoa no coração da Igreja por dois milênios!

> *De repente surgiram diante deles dois homens vestidos de branco, que lhes disseram: "Galileus, por que vocês estão olhando para o céu? Este mesmo Jesus, que dentre vocês foi elevado ao céu, voltará da mesma forma como o viram subir." Atos 1:10-11*

Em algum momento da história, a humanidade testemunhará o verdadeiro e derradeiro Retorno do Rei! Como súditos reais, nossa função é preparar o mundo para sua volta, pregando a mensagem do Evangelho do Reino a todas as pessoas em todas as nações. Esta notícia deve nos encher de esperança com relação ao futuro e nos animar para a grande obra que temos diante de nós! A cada novo irmão e irmã que aceita a Jesus como Senhor e Salvador, nos aproximamos mais e mais deste grandioso dia!

O que você pode fazer hoje para ser parte desta história?

> *Desafio:* Você está preparado ou preparada para o Retorno do Rei Jesus? De que maneira você pode se preparar para este grande evento? Se eu posso te ajudar com um conselho, comece a pesquisar qual é a visão de sua igreja ou denominação sobre a Volta de Cristo e então leia sobre outras maneiras de se preparar para o retorno dEle.

Dia 18

TEMOS UM AMIGO FIEL

O Filho do homem veio para salvar o que se havia perdido. Mateus 18:11

Sanwise Gamgee é o jardineiro e melhor amigo de Frodo Bolseiro, que sonha em um dia sair do Condado e conhecer elfos. Quando Gandalf descobre que o Um Anel está no Condado dos Hobbits, alerta seu portador dos riscos que não apenas ele, mas todos os seres da Terra-média estão correndo. O curioso Sam é pego pelo velho Mago ouvindo o que eles estavam conversando e como "castigo", será enviado junto ao seu amigo no caminho até Valfenda. Ao invés de ficar triste ou pesaroso, Sam exulta de alegria, pois finalmente conheceria novos lugares para além das fronteiras do Condado.

Com o fim da sociedade do Anel, apenas Sam poderia proteger Frodo, na medida em que o poder do artefato drenava as forças de seu portador. Além de tudo, havia ainda a criatura chamada Gollum, de quem ainda falaremos neste Devocional. Nos momentos finais, o jovem Hobbit precisa literalmente carregar seu amigo até a Montanha da Perdição, onde o Anel deveria ser destruído.

Após o término da Guerra do Anel, ele se casa com Rosinha Villa e tem com ela treze filhos. Herda o Bolsão, quando Frodo parte para as Terras Imortais, tornando-se prefeito do Condado por várias vezes, provando seu amadurecimento ao longo desta grande aventura.

Um dos elementos mais incríveis na obra de Tolkien é justamente a escolha de múltiplos heróis para a história, a partir de perspectivas e características distintas. Sam é nobre, humilde, leal e fiel, alguém que abre mão de seus próprios interesses para ajudar Frodo.

Esta é a terceira alusão ao caráter de Cristo em nosso Devocional! Jesus está representado na figura de Sam como o Amigo Fiel, que se preocupa conosco,

mesmo que não mereçamos esta atenção e amor.
Quando observamos as Escrituras, vemos Jesus presente na vida de grupos que eram marginalizados pela sociedade judaica e romana do século I. Vamos citar alguns deles para ilustrar o princípio que queremos apresentar.

1) Os Leprosos: Estando Jesus em Betânia, na casa de Simão, o leproso. Mateus 26:6

2) Samaritanos: A mulher samaritana lhe perguntou: "Como o senhor, sendo judeu, pede a mim, uma samaritana, água para beber?" (Pois os judeus não se dão bem com os samaritanos.) João 4:9

3) Publicanos: Quando Jesus chegou àquele lugar, olhou para cima e lhe disse: "Zaqueu, desça depressa. Quero ficar em sua casa hoje." Lucas 19:5

Teríamos diversos outros exemplos destes encontros de Cristo, mas estes nos ajudam a compreender que o Mestre estava sempre nos lugares em que Ele era necessário. Ninguém permaneceu o mesmo após este encontro com a Eternidade!
Se Cristo é o seu Amigo Fiel, pare e reflita comigo em alguns aspectos de seu relacionamento com Ele:

- Considerando os últimos sete dias, em quantos deles você leu, pelo menos um capítulo da Bíblia?
- Ainda considerando a última semana, quantas vezes e quanto tempo durou seu período de oração fora das atividades da igreja local?
- Você conhece e pratica um estilo de vida de Jejum?

A resposta sincera para estas três questões ajudarão a revelar qual é o nível de sua espiritualidade e, consequentemente, de seu relacionamento com Cristo! Caso você tenha ficado um pouco frustrado com suas respostas, não se preocupe: vamos te ajudar a melhorar nos próximos dias deste Devocional.

Desafio: Você conhece as disciplinas espirituais? O desafio de hoje é uma sugestão que eu recomendo muito que você considere aceitar. Procure pelo livro "Celebração da Disciplina", de Richard Foster, pois ele é um clássico sobre este assunto!

Dia 19

O OFÍCIO PROFÉTICO DE CRISTO

Disse: Eu sou a voz que clama no deserto: Endireitai o caminho do Senhor, como disse Isaías. João 1:23

Olórin possui vários nomes. Para os homens, ele é Gandalf. Para os Elfos, Mithrandir, e Tharkûn para os anãos. Ele pertence aos Maiar, uma raça angelical que habita nas Terras Imortais a Oeste da Terra-média, servindo aos Valar. Quando a ameaça de Sauron na Terceira Era crescia, as entidades decidem enviar cinco Maiar para proteger as raças do mal que o Senhor do Escuro representava. Eles não poderiam se apresentar em suas formas originais, mas assumir formas humanas nesta missão. Olórin será um dos escolhidos, e o único que manterá sua missão original até o fim. Desde o início de sua presença entre as raças, estuda maneiras de derrotar o inimigo.

O Grande Mago desempenha um papel fundamental de liderança e anúncio das boas notícias de que o mal que Sauron representa, está prestes a ter um fim. Além disso, o herdeiro de Isildur assumirá o trono dos homens para reinar em uma Era de Paz e prosperidade. Quando acompanhamos o desenrolar da trama, podemos perceber que Gandalf está presente ou envolvido em todos os eventos que culminarão na destruição do Um Anel por Frodo e Sam.

Convence Thorin a retomar à Montanha Solitária do Dragão Smaug, que poderia ser utilizado como arma por Sauron. Reúne os cavaleiros exilados de Rohan, que serão fundamentais na vitória da Batalha do Abismo de Helm. Delega ao mais velho dos Ents, que eram grandes árvores humanoides, a missão de proteger Merry e Pippin. Esta ação desencadeia na destruição de Isengard pelo colegiado dos Ents. Por fim, participa, com todos os guerreiros sobreviventes, da Batalha de Morannon em frente ao portão Negro de Mordor, fornecendo a distração necessária para que Frodo e Sam possam concluir

sua missão de destruir o Um Anel na Montanha da Perdição. O resultado das ações de convencimento de Gandalf culmina não apenas com a paz da Terra-média, mas também com a ascensão de Aragorn ao trono dos reinos dos homens.
Neste sentido, Gandalf pode ser compreendido como o ofício profético de Cristo, que não apenas cumpre a vontade de Deus, mas que também aponta para o caminho que a humanidade deve trilhar para alcançar o cumprimento das promessas de Deus. Podemos perceber esta função de duas maneiras que eu gostaria de compartilhar com vocês neste dia.
Em primeiro lugar, Jesus cumpriu a vontade de Deus, sendo fiel até o final.

E, sendo encontrado em forma humana, humilhou-se a si mesmo e foi obediente até à morte, e morte de cruz! Filipenses 2:8

Todos os dias eu estava com vocês, ensinando no templo, e vocês não me prenderam. Mas as Escrituras precisam ser cumpridas. Marcos 14:49

A primeira característica do ofício profético de Cristo está relacionada a obediência à Palavra de Deus. Ele tinha uma missão muito difícil, e a cumpriu em sua plenitude, cumprindo todas as profecias sobre o Messias, contidas nos textos da Lei e dos Profetas.
Em segundo lugar, Jesus não apenas obedeceu a Deus, mas participou dos eventos preparatórios da Igreja, que seria fundada pelos seus discípulos.

Eu lhes dei o exemplo, para que vocês façam como lhes fiz. João 13:15

Ele esteve com os pecadores, curou os enfermos, exortou os religiosos, amou as multidões carentes e desamparadas, pregou a paz em uma época conturbada de conflitos e rebeliões entre judeus e romanos. A liderança profética de Cristo foi manifestada através de seu exemplo!
Ele não apenas falava sobre esperança, mas levava esperança para as multidões! Compreende a diferença? Precisamos cada vez mais de pessoas que assumam seu papel profético em nossa geração, para que possam pregar a palavra de Deus em amor às multidões de nosso tempo.
Devemos avisar as pessoas que tudo acabará bem, com a vitória de Cristo. Não apenas isso, mas atuar firmemente, durante nossas vidas para que este objetivo esteja cada vez mais próximo.

Desafio: Reflita um pouco e responda quais são os desafios que te impedem de ser mais fiel e obediente à Palavra de Deus? Pecados ocultos, falhas de caráter? Seja sincero ou sincera neste momento e anote tudo aquilo que vier a sua mente. Vamos usar esta informação em breve!

Dia 20

VENCENDO AS TENTAÇÕES

Então Jesus foi levado pelo Espírito ao deserto, para ser tentado pelo diabo. Mateus 4:1

O tempo passou e os dias da lendária guerreira Galadriel ficaram para trás. Aquela que foi conhecida como a comandante dos exércitos do Norte, agora é a Senhora de Lothlórien, além de Senhora da Luz, Senhora da Floresta Dourada ou ainda Senhora dos Galadrim. Junto a seu marido, Lorde Celeborn, após viverem em Eregion e Valfenda, fixam-se em Lothlórien. Juntos, lideraram elfos remanescentes durante a terceira Era, ao mesmo tempo em que ajudaram a fortalecer as defesas contra o mal crescente que vinha da fortaleza de Dol Guldur.

A Sociedade do Anel chega aos seus domínios, após a tragédia nas Minas de Moria, com a aparente morte de Gandalf em sua batalha contra o Balrog. Galadriel passará por sua maior provação desde sua chegada à Terra-média. Frodo entrega a ela o Um Anel, procurando se livrar do fardo que o consumia. Ela foi tentada a abraçar o poder que emanava do artefato. Alguém tão poderosa como ela, tendo à disposição uma joia com um poder imenso, poderia desequilibrar os rumos do conflito. Por isso, Galadriel aceitar o Um Anel de Frodo, poderia ser justificado em prol de um "bem maior" que seria derrotar as forças de Sauron. Após um período de tentação muito intenso, a Elfa resiste ao poder do Anel e deixa com que o Hobbit permaneça com ele. Ela oferece presentes aos membros da comitiva, antes que continuem sua penosa viagem rumo a Mordor.

Vamos aproveitar a provação suprema de Galadriel, em "O Senhor dos Anéis", para conversar sobre como podemos vencer as tentações em nossas vidas. Para sermos tão firmes em nosso propósito com relação a este assunto como nossa personagem de hoje, é fundamental observarmos como nosso Mestre Jesus lidou com isso durante seu ministério terreno. Logo após seu batismo no rio Jordão, nosso texto base mostra que o próprio Espírito Santo levou Jesus ao deserto, para ser tentado no Deserto. Após um período de 40 Dias de jejum, Jesus tem fome.

Depois de jejuar quarenta dias e quarenta noites, teve fome. Mateus 4:2

Assim como Galadriel, que recebe um item que aumentaria seus poderes para além de sua compreensão, Jesus será tentado a resolver sua fome física. Precisamos estar atentos, pois nosso inimigo não nos tentará onde somos fortes, mas, de maneira especial, nos lugares de nossa alma em que ainda somos fracos. O segundo elemento da tentação de Cristo foi justamente o uso das Escrituras Sagradas por Satanás para legitimar seu argumento.

Se você é o Filho de Deus, jogue-se daqui para baixo. Pois está escrito: 'Ele dará ordens a seus anjos a seu respeito'. Mateus 4:6a

Uma tentação muito grande em nossos dias é o de utilizar trechos isolados da Bíblia para justificar aquilo que é condenável perante a Igreja, quando precisamos nos aprofundar no estudo das Escrituras. Assim, o segundo alerta de hoje, está em procurar conhecer a Palavra, não apenas em versículos isolados, mas em sua totalidade com profundidade, para não sermos pegos pela tentação em usar estes textos a nosso favor.

Por fim, Satanás leva Jesus a um alto monte de onde se avistavam todos os Reinos da Terra e os oferece a Jesus. A terceira tentativa de corromper o Messias estava em atacar seu orgulho, oferecendo a Ele tudo o que um rei poderia desejar. A contrapartida seria adorar a Satanás, abandonando toda a sua essência. O terceiro alerta está em tomar cuidado com as sementes de orgulho que serão constantemente lançadas sobre nós. Para evitar que elas germinem, é fundamental que venhamos a cultivar um coração humilde que reconheça o lugar de Deus em nossas vidas e a razão pela qual O servimos.

Não se esqueça: a tentação não é opcional em nossa vida cristã, então precisamos estar preparados para quando ela chegar. Esta é a nossa verdadeira resistência!

> *Desafio:* No dia 03, oramos por uma lista com nomes de amigos e familiares que não são cristãos. Agora, entre em contato com cada pessoa de sua lista e pergunte se existe algo pelo que você possa interceder. Anote os pedidos e ore especificamente por elas nos próximos 10 dias, quando voltaremos a avançar neste tema.

Dia 21

A INTENÇÃO DO CORAÇÃO

E aquele que sonda os corações conhece a intenção do Espírito, porque o Espírito intercede pelos santos de acordo com a vontade de Deus. Romanos 8:27

Isildur foi o filho do grande rei de Gondor e Arnor, Elendil. Acompanhou o crescimento do poder de Sauron e seus Orcs em Mordor. Nascido na lendária ilha de Númenor, tinha um irmão mais novo chamado Anárion. As relações entre os elfos e numenorianos deterioraram, pelas razões que já vimos anteriormente. Em meio a toda a revolta que ocorreu, poucos permaneceram fiéis às tradições dos ancestrais de amizade com os elfos, entre eles a família de Isildur. Antes da Queda de Númenor, alguns fieis conseguiram prever o que ocorreria e fugiram em barcos em direção à Terra-média. Elendil será o Alto-Rei dos reinos de Arnor e Gondor, entregando a regência deste último a Isildur e Anárion.

Elendil e o Auto-Rei dos Elfos, Gil-Galad, formam uma aliança para derrotar Sauron de uma vez por todas, na chamada Guerra da Última Aliança. Após um cerco na cidadela de Mordor, que durou sete anos, o Lorde das Sombras enfrenta os dois reis, que morrem na batalha, mas deixam o Senhor do Escuro vulnerável. Isildur usa a espada partida de seu pai, a Narsil, para arrancar o Um Anel da mão de seu inimigo, derrotando-o. Elrond o aconselha a destruir o Anel na Montanha da Perdição, mas ele se recusa, ficando com o artefato, pois queria usá-lo contra seus inimigos. Depois de alguns anos governando os Reinos de Gondor e Arnor, partiu com seus filhos mais velhos e um destacamento de 200 soldados por todo o território de Gondor.

O grupo foi atacado por Orcs de maneira avassaladora, com a morte de todos, com a exceção de Isildur que usou o Anel para fugir, através da invisibilidade que ele oferecia ao portador. Durante a fuga, entrou em um rio de águas turbulentas nos Campos de Lis, perdendo o Um Anel nele. Sem a proteção que a joia concedia, foi morto pelos Orcs com flechas em seu coração e garganta. O Anel permaneceu oculto por séculos no fundo do rio, até ser encontrado por Hobbits do clã Cascalvas. Mas esta é uma outra história...

No Devocional anterior, falamos sobre como Galadriel resistiu ao poder de corrupção desta joia. Hoje, percebemos que Isildur teve diante de si exatamente a mesma escolha que a Senhora de Lórien, mas fracassou em resistir à tentação. A intenção em usar o poder maléfico do Anel para combater o mal pode parecer uma boa ideia a princípio, mas com o tempo, cobrou seu preço, custando a vida de todos os seus filhos mais velhos e a sua própria, sem testemunhas, nem um funeral real. Pensando um pouco sobre esta triste história, precisamos sondar as intenções em nossos corações para perceber quais são nossas influências mais profundas: o Reino de Deus ou a lógica que rege o mundo em que vivemos.

Isildur queria combater o mal com o mal, e esta foi a sua ruína. Adotamos uma postura semelhante quando tentamos usar práticas condenáveis na Palavra de Deus com uma "boa intenção". Isso acontece quando mentimos para alguém próximo, para evitar que essa pessoa fique muito triste ao ouvir uma verdade difícil, ou ainda quando somos levados a participar de discussões inúteis nas redes sociais com a falsa premissa de "defender a fé cristã". Tenho percebido em nossos dias algo que tenho chamado de "Espírito de Cruzada", em que os cristãos que deveriam propagar o amor de Jesus resolvem combater aqueles que pensam diferente, seja no campo religioso, cultural ou político. Ao longo da História, em diversos momentos, a cristandade deixou de lado os princípios bíblicos para usar as mesmas armas da sociedade. Todas as vezes em que isso aconteceu o resultado foi catastrófico, pois a igreja de Cristo se igualou no discurso e na prática a grupos que historicamente combateu. Tome cuidado para não abrir mão dos princípios do Reino para fazer concessões que comprometam seu testemunho diante desta geração!

Desafio: Você poderia elencar mais alguns exemplos de "boas intenções", como as que apresentamos no devocional de hoje? Elas acontecem quando, tentando alcançar um "bem maior", adotamos práticas contrárias ao que a Bíblia nos diz. Leia o que você escreveu e ore com relação ao conteúdo de sua escrita. Se for possível, coloque estes pedidos no grupo de intercessão de sua igreja, para que juntos como igreja possamos vencer estes desafios neste tempo!

Dia 22

OS VÍCIOS CORROMPEM A ALMA

Jesus respondeu: "Digo-lhes a verdade: Todo aquele que vive pecando é escravo do pecado. João 8:34

Sméagol foi, há muito tempo atrás, um Hobbit do clã Cascalvas, que viveu próximo aos Campos de Lis. Diferente dos Pés-peludos, a estatura dos Cascalvas era maior que a dos demais clãs de sua raça. Sua família era próspera e muito respeitada em sua comunidade. No dia de seu aniversário, sai para pescar com seu primo Déagol, que é derrubado do barco por um peixe. Quando emerge, volta ao barco com o Um Anel, o mesmo que Isildur perdeu quando foi atacado e morto pelos Orcs, em um passado distante. Sméagol contempla o Anel e deseja, no mais profundo de sua alma, possuir a joia. Este desejo se transforma em atitude quando ele mata seu primo para tomar o anel para si. A partir deste momento, o hobbit passa a utilizar o artefato para cometer delitos em sua comunidade, até ser expulso pela matriarca de seu clã. Recebe o nome de Gollum, por causa dos barulhos horríveis que sua garganta começou a fazer. Além disso, seu corpo sofreu mutações drásticas, transformando o antigo Hobbit em um monstro, que passou a odiar a luz do sol, caminhando pelas sombras.

Gollum encontra refúgio nas Montanhas Sombrias, onde passa cerca de 500 anos escondido, se alimentando de peixes crus, e de alguns Orcs desavisados que habitavam o local. Emocionalmente, sua mente foi corrompida pelo Um Anel, ao mesmo tempo em que lutou contra este controle, desenvolvendo uma dupla personalidade aguda. Depois deste longo período, uma certa comitiva, composta por 13 anões e outro hobbit entra nas Montanhas Sombrias e o Anel encontrará um novo Portador: Bilbo Bolseiro, que o levará para fora das Montanhas Sombrias.

A trágica história de Sméagol é uma oportunidade perfeita para conversarmos a respeito dos efeitos dos vícios em nossas vidas. Assim como ocorreu com o nosso personagem de hoje, o pecado recorrente gera uma dupla personalidade no indivíduo. Isso acontece porque é necessário manter uma postura diante da família, amigos e sociedade, escondendo a escravidão que a repetição sucessiva do comportamento contrário à Palavra de Deus causa.

Uma alma livre em Deus começa a se transformar, de maneira gradativa, em algo sem vida, deturpado pelos desejos carnais, buscando satisfação imediata para o vazio crescente em seu interior. Ao ceder às tentações, se alcança uma satisfação momentânea, seguida pela culpa e pelo remorso, até a próxima recaída, em que o processo será reiniciado. Na medida em que o vício avança em nossas vidas, o tempo de exposição e a intensidade do pecado precisam ser cada vez maiores para que se alcance o mesmo efeito. Se nada for feito, a tristeza pelo pecado vai diminuindo e a culpa já não incomoda tanto, quanto incomodava antes. A mente será cauterizada aos poucos para o arrependimento genuíno, deformando a alma como a aparência externa de Gollum. Como exemplos práticos de vícios podemos citar: a pornografia, as drogas, o sexo casual, a bebida, o cigarro, a mentira, a fofoca, entre tantos outros casos possíveis.

A solução para este problema demanda atitudes práticas e enérgicas. A Bíblia nos diz na carta de Tiago:

> *Portanto, confessem os seus pecados uns aos outros e orem uns pelos outros para serem curados. A oração de um justo é poderosa e eficaz.*
> *Tiago 5:16*

Por esta razão, para este tipo de problema, apenas oração e arrependimento, embora fundamentais, não serão suficientes.

É muito importante que tenhamos irmãos e irmãs em Cristo maduros, com quem possamos confiar para orarem pelas nossas vidas e também nos acompanhar no processo de libertação dos vícios. Dependendo do caso, acompanhamento médico e psicológico poderá ser necessário para resolver o problema. Não se esqueça, o sacrifício de Cristo trouxe luz para nossas trevas pessoais e podemos ter a esperança real de sermos verdadeiramente livres!

Desafio: Existem vícios contra os quais você tem lutado? Procure o pastor de sua igreja ou seu líder para confessar e pedir ajuda em sua jornada!

Dia 23

NÃO NORMALIZE O PECADO

O Espírito diz claramente que nos últimos tempos alguns abandonarão a fé e seguirão espíritos enganadores e doutrinas de demônios. Tais ensinamentos vêm de homens hipócritas e mentirosos, que têm a consciência cauterizada. 1 Timóteo 4:1,2

Saruman foi o primeiro Istari, enviado pelos Valar para a Terra-média durante a Terceira Era, para apoiarem as raças na luta iminente contra Sauron. Os Istari fazem parte dos Maiar, espíritos muito poderosos e sábios, que ajudavam os Valar em seus desígnios. Como não podiam entrar na Terra-média em sua verdadeira forma, manifestando a plenitude de seu poder, foram enviados em forma de poderosos magos. Os enviados foram: Saruman, o Branco; Gandalf, o Cinzento; Radagast, o Marrom; e os dois magos azuis, dos quais sabemos muito pouco, além de seus nomes, Alatar e Pallando. Saruman, por seu grande poder e sabedoria, é considerado o líder dos Istari, além de ser escolhido como o líder do Conselho Branco, um grupo organizado para combater um Feiticeiro chamado Necromante que se ocultava na fortaleza de Dol-Guldur.

O primeiro problema de Saruman foi o ciúme que passou a nutrir por Gandalf. Ele fica sabendo que o senhor dos Portos Cinzentos, o sábio Elfo Círdan, ao perceber no mago cinza um espírito mais nobre e sábio que Saruman, entrega a ele um dos três anéis de Poder destinados aos Elfos, a joia conhecida como Narya, o Anel do Fogo. Galadriel também tinha uma predileção por ele e isso incomodava o Grande Mago Branco.

O segundo problema que ele enfrentará será sua busca pelo conhecimento sobre seu inimigo. Ao mergulhar nas artes de magia profana, para encontrar Sauron, Saruman acaba envolvido e atraído por este grande poder. Neste sentido, o mago que deveria combater e destruir o Senhor do Escuro, acaba se aliando secretamente a ele, pretendendo tomar o Um Anel e seu poder para si mesmo. Sua ambição desenfreada pelo poder, o levará a declarar seu apoio a Sauron, colocando seu domínio, a cidadela de Isengard, na Guerra do Anel, onde será derrotado.

A corrupção progressiva da alma de nosso personagem de hoje será o ponto de partida para nossa análise. Assim como Saruman não chega na Terra-média com intenções maléficas, nenhuma pessoa começa sua jornada objetivos maus. Nada acontece, espiritualmente falando, da noite para o dia, mas é fruto dos processos e caminhos escolhidos em nossas vidas. O ciúme, fruto da insegurança, somado à busca por conhecimentos que não o edificaram, foram os motores da queda de Saruman, que por muito tempo realmente combateu o mal e cumpriu sua missão. A partir deste ponto, ele mergulhou no Caminho das Trevas, sendo o braço direito de Sauron, ambicionando seu poder, procurando corromper outros, como o próprio Gandalf.

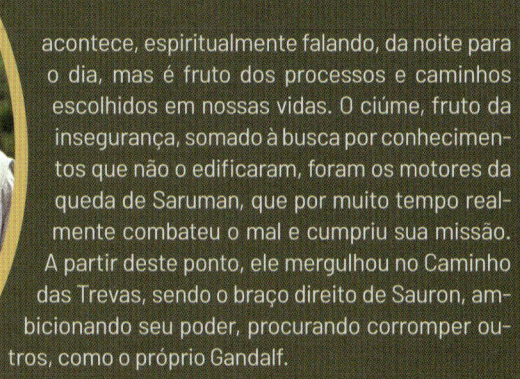

Neste sentido, podemos pensar no mago como alguém com uma poderosa influência sobre outras pessoas, que usa esta influência para disseminar o mal. Infelizmente, no meio cristão, existem muitas pessoas que podem ter começado muito bem suas jornadas mas que, ao longo da caminhada, desistiram dos princípios que os colocaram no Caminho de Cristo, para buscar interesses próprios e suprir suas ambições pessoais. Não são apenas líderes que podem passar por isso em suas vidas. Todos os cristãos, caso venham a abrir mão das disciplinas espirituais, passarão pelo mesmo processo. O apóstolo Paulo nos alerta neste sentido em sua carta aos Coríntios:

Assim, aquele que julga estar firme, cuide-se para que não caia! 1 Coríntios 10:12

Precisamos tomar muito cuidado com nossa consciência. O texto base de hoje nos alerta a respeito de um grupo de pessoas muito criticadas por Paulo, por apresentarem uma característica assustadora: possuírem uma consciência cauterizada. Chegar neste ponto torna o arrependimento e a mudança de comportamento muito difícil. O pecado recorrente cauteriza a mente e confunde a bússola moral que nos mostra quando estamos errados e precisamos retornar.

Saber que existe uma linha que não pode ser cruzada por aqueles que se reconhecem como cristãos, é muito importante para reforçar o cuidado com nossa vida espiritual. Mantenha sua consciência aberta para o arrependimento e mudança de direção, sempre que for necessário!

Desafio: O que você pode fazer, de maneira prática, para manter sua consciência apta a mudar quando for necessário? Como você pode proteger sua mente da insensibilidade espiritual? Compartilhe suas anotações com um amigo ou amiga, conversando com ele ou ela a respeito!

Dia 24

SEJA UM AGENTE DE CONEXÃO EM SUA GERAÇÃO

A mulher samaritana lhe perguntou: "Como o senhor, sendo judeu, pede a mim, uma samaritana, água para beber? " (Pois os judeus não se dão bem com os samaritanos) João 4:9

Gimli é um anão de *Durin* que aceita participar do grupo que acompanhará Frodo Bolseiro na missão para destruir o Um Anel. Ele é filho de Glóin, um dos anões que acompanharam o tio de Frodo, Bilbo, na aventura para retomar a Montanha Solitária do dragão Smaug. Sua entrada na Sociedade do Anel acontece de maneira indireta e quase que por acaso. Gimli vai a Valfenda com seu pai para contar notícias sobre seu lar, Erebor. Neste momento, ele descobre que o sobrinho de Bilbo, amigo de seu pai, estava com o Um Anel e tinha decidido destruir a joia na Montanha da Perdição, no coração de Mordor. Ele oferece seu machado para acompanhar o jovem Hobbit mesmo sabendo da probabilidade de sucesso bastante improvável.

Um de seus companheiros será o elfo Legolas, e o início da jornada será de estranhamento entre os dois, tendo em vista a tradicional animosidade entre as duas raças, que remonta a um passado distante em que algo ocorreu, causando a interrupção na amizade dos grupos. Porém, ao longo do tempo os dois se tornam grandes companheiros, sendo fundamentais nas diversas batalhas da Guerra do Anel. Além disso, Gimli encontra Galadriel, quando a Sociedade passa por Lothlórien, e fica tremendamente impressionado com sua sabedoria e beleza, fazendo com que o anão mude sua percepção acerca dos elfos. Quando ela oferece presentes aos membros da comitiva que protegia Frodo, o anão pede um fio de seu cabelo, recebendo três fios, sendo chamado de "portador da mecha" pela Senhora de Lórien. Por estas experiências positivas, vai ajudar na restauração do relacionamento e amizade entre as duas raças. Seu discurso sobre os elfos, junto aos anões, será fundamental para estabelecer um longo e duradouro período de paz entre os dois grupos.

Interessante notar que nosso personagem baseava seu preconceito na história. Seus antepassados haviam se desentendido com os elfos e por isso ele sentia a obrigação de não aceitar Legolas como companheiro de jornada, mesmo não tendo nenhuma relação direta com este conflito do passado. A Bíblia nos conta a complexa história entre Judeus e Samaritanos que aplicavam o mesmo princípio de nosso texto de hoje. Quando analisamos a História de Israel, houve um período em que o Reino era um só. Depois do reinado de Salomão, houve um cisma, e dois reinos se formaram: Judá e Israel, e este tinha na Samaria sua região mais importante. Uma série de acontecimentos históricos, durante os séculos que seguem, afastam, gradativamente, judeus e samaritanos.

Quando Jesus inicia seu ministério terreno, cerca de mil anos depois da divisão do Reino, muitas gerações haviam se passado, e a origem do conflito entre os dois grupos, que eram irmãos em um passado distante, havia se perdido no tempo, sobrando apenas o preconceito entre aqueles que perpetuaram esta cultura entre estes povos. Durante seu ministério, Jesus visita uma cidade da Samaria chamada Sicar e conversa com uma mulher samaritana. O resultado desta conversa foi não apenas a salvação desta mulher, mas de sua cidade inteira! Precisamos como igreja romper preconceitos estabelecidos em nossa cultura, para amarmos as pessoas, exatamente como Jesus fazia, com o objetivo de conectá-las a Deus!

Seja você também, um agente de conexão, ajudando as pessoas a vencerem seus preconceitos. Minha oração é que possamos ter a mesma mudança de mentalidade que nosso personagem de hoje teve ao longo de sua jornada:

Gimli: - Nunca pensei que morreria lutando lado a lado a um elfo.
Legolas: - E morrer lutando lado a lado a um amigo?
Gimli: - Ah sim, isso eu posso fazer!

Desafio: Pense e pesquise sobre seu país. Existem preconceitos históricos como os que trouxemos no devocional de hoje? Preconceitos que existem há muito tempo e você nem sabe quando ou como começaram? Posso citar, como exemplo, a consequência do processo escravagista, que gerou feridas profundas em nosso país e deram origem ao racismo que está impregnado em nossa sociedade em diversos níveis. Após pensar a respeito, como você pode ajudar a criar conexões em seu círculo de influência?

Dia 25

MINHA IMATURIDADE AFETA OUTROS

Quando eu era menino, falava como menino, pensava como menino e raciocinava como menino. Quando me tornei homem, deixei para trás as coisas de menino. 1 Coríntios 13:11

Peregrin Tûk, conhecido pelo apelido de Pippin, foi o mais jovem entre os Hobbits que partiram do Condado para ajudar Frodo em sua jornada. Primo e grande amigo de *Meriadoc Brandebuque*, outro membro improvável da Sociedade do Anel, a dupla será muito importante no conflito, mesmo se separando de Frodo e Sam, logo no início da empreitada.

A juventude e imaturidade de Pippin, levam seus amigos a sofrerem com as suas atitudes inconsequentes. Ao sair do Condado, a primeira parada de Frodo seria a pousada do Pônei Saltitante, no vilarejo de Bree, onde encontraria Gandalf. Na taverna, Pippin, de maneira pouco sábia, começa a contar aos estranhos sobre o desaparecimento de Bilbo e cita o sobrenome Bolseiro, levantando suspeitas sobre o grupo. O resultado desta atitude de Pippin foi um ataque dos Nazgûl, que só não acabou com os quatro pequenos aventureiros, porque foram salvos pelo misterioso Passolargo.

Mais tarde, nas ruínas da cidadela dos anãos em Moria, Pippin não consegue conter sua curiosidade, lançando uma pedra em um poço que mostrou a localização do grupo para um exército de Orcs, Trolls e a criatura Balrog, que resultou na aparente morte de Gandalf para que o grupo pudesse fugir.

Durante o ataque dos Uruk-hai, Pippin e seu primo Merry são confundidos com Frodo e Sam e levados por eles. A dupla usa de inteligência para sobreviver, usando a ganância dos Orcs contra eles. Depois de sua fuga, conhecem Barbárvore, um dos Ents, árvores antiquíssimas com consciência e capacidade de locomoção. A dupla será fundamental para que os Ents decidam atacar Isengard e derrotarem Saruman.

Algum tempo depois, por causa de sua curiosidade, Pippin toma o Palantír de Gandalf e o usa de maneira inadvertida. Com sua atitude, Sauron acredita que Pippin está com o Um Anel e envia um Nazgûl para destruí-lo. Se você, caríssimo leitor ou caríssima leitora, não sabe o que é um Palantír, não se preocupe. Teremos um Devocional exclusivo sobre ele e explicaremos tudo o que você precisa saber a respeito!

Ao longo da missão, Pippin amadurecerá, sendo muito corajoso na conclusão da história e terá um futuro muito importante na liderança do Condado, após a partida de Frodo para as terras imortais. Vamos aproveitar nosso personagem de hoje para conversar sobre um assunto fundamental em nossa vida cristã. Todos começam sua caminhada como neófitos e, por esta razão, atitudes imaturas são comuns e até mesmo esperadas dos novos convertidos.

Em determinados contextos, a Palavra de Deus traz como figura para a imaturidade a imagem de uma criança. Além de nosso texto base, podemos citar ainda o texto de Efésios 4:14 que diz:

> *O propósito é que não sejamos mais como crianças, levados de um lado para outro pelas ondas, nem jogados para cá e para lá por todo o vento de doutrina e pela astúcia de homens que induzem ao erro. Efésios 4:14*

Desta forma, é importante, que tenhamos em mente a necessidade de amadurecimento em nossas vidas. Entre os principais elementos que podem nos ajudar nesta missão, podemos destacar:

1 – Comunhão. O relacionamento com outros irmãos em Cristo nos ajuda a amadurecer, na medida em que somos aprimorados pelas nossas diferenças;
2 – Serviço. Colocar nosso próximo como prioridade em nossas vidas possibilita que nossas ações não sejam egoístas, o que faz parte das ações de um cristão maduro;
3 – Bíblia. Sem o conhecimento da Palavra de Deus, nenhum cristão será maduro em sua jornada, pois é ela que nos ajuda a conhecer mais sobre a nossa fé, e sobre quem seguimos;
4 – Espiritualidade. Vida devocional é fundamental para um crescimento constante em nossa vida cristã.

Amadurecer em Cristo não tem relação com sua idade cronológica, mas com o quanto você se importa com a fé que diz ter ao mundo!

> **Desafio:** Como está o seu processo de amadurecimento? Qual é sua maior dificuldade neste momento? O que você pode fazer na prática para mudar esta realidade?

Dia 26

EXERÇA A MUTUALIDADE CRISTÃ

Levem os fardos pesados uns dos outros e, assim, cumpram a lei de Cristo. Gálatas 6:2

Meriadoc Brandebuque é um Hobbit de uma família muito próspera e importante, que vivia ao lado do Condado, na terra dos Buques, sendo filho do Senhor destas terras. Merry, como era chamado por seus amigos, era primo, tanto de Frodo, quanto de Pippin. Possuía uma inteligência muito desenvolvida, o que fazia com que ele percebesse sinais que os outros não notavam. Ele viu Bilbo usar o Um Anel, para fugir de parentes inconvenientes, guardando segredo sobre isso por muitos anos. Logo após a visita de Gandalf, por ocasião do aniversário de Bilbo, Merry percebe que Frodo fica muito preocupado e agitado. Ele então decide fazer algo para ajudar seu primo e dá início ao que Tolkien chamará de "Conspiração" com Pippin e Sam para descobrir os planos de Frodo e ajudá-lo. Ele então prepara tudo o que precisam para a jornada até Bree, com pôneis e alimentos para o grupo, revelando ser alguém muito organizado e estrategista, especialmente nos caminhos para sair do Condado. Mais tarde, em Valfenda, enquanto Frodo se recuperava dos ferimentos causados pelo Rei Bruxo, Merry estuda os mapas para analisar possíveis trajetos para o caminho futuro de Frodo. Depois, nos portões de Moria, é ele quem descobre qual é a palavra que abrirá os portões, concedendo acesso para a cidadela dos anãos na Montanha. Em Rohan, se oferece para servir no exército, e será fundamental na derrota de um dos principais generais de Sauron, o Rei Bruxo de Angmar.

Com o fim da Guerra do Anel, os hobbits retornam para o Condado, para descobrir que ele havia sido dominado pelos rufiões. Merry e Pippin lideram os hobbits na Batalha de Beirágua, sendo considerados heróis pela sua comunidade.

Após a morte de seu pai, será o senhor das terras dos Buques. No fim da vida, os dois primos e amigos inseparáveis cavalgam uma última vez até Gondor, onde morrerão e serão enterrados com honras ao lado do Rei Aragorn.

Nosso personagem de hoje pode nos ajudar a compreender um conceito simples, mas muito pouco conhecido em nosso meio: a Mutualidade Cristã. Podemos compreender este conceito como aquilo que fazemos em prol de nossos irmãos e irmãs em Cristo. Não são recomendações, mas ordenanças que podem ser identificadas em textos que apresentam os termos "uns aos outros" e se repetem várias vezes ao longo do Novo Testamento.

É muito importante estudarmos este assunto por duas razões principais.

Em primeiro lugar, viver em benefício mútuo é condição *sine qua non* para que o mundo creia no poder da Igreja na terra e, muito mais importante que isso, para que o mundo creia no cabeça da Igreja, Jesus Cristo, conforme nos ensina João 17:20-23. Não é muito difícil compreender a importância da mutualidade entre nós. Um lugar que pregue o amor, mas que não o viva no dia a dia, não tem autoridade para pregar a Palavra de maneira genuína. Vivemos no mundo do discurso, onde todos falam o que querem o tempo todo. Neste mundo conectado, precisamos estar atentos, pois as pessoas ao nosso redor conseguem perceber quando estamos apenas discursando, ou quando de fato vivemos o que pregamos. Quer falar do amor de Jesus pela humanidade? Não esqueça de viver este amor com os seus irmãos em Cristo!

Em segundo lugar, a mutualidade é um antídoto ou uma vacina contra o egoísmo. A Palavra de Deus nos diz:

> *Em tudo o que fiz, mostrei-lhes que mediante trabalho árduo devemos ajudar os fracos, lembrando as palavras do próprio Senhor Jesus, que disse: "Há maior felicidade em dar do que em receber". Atos 20:35*

Por esta razão, devemos cuidar de nossos irmãos em Cristo como gostaríamos de ser cuidados. Precisamos sempre ter em mente que, para amarmos a Deus que não vemos, é fundamental aprendermos a amar ao nosso próximo, não por palavras, mas com atitudes práticas.

> *Desafio:* Vamos praticar a Mutualidade Cristã nesta semana? Converse com o departamento de sua igreja que cuida da consolidação de novos convertidos e peça o contato de um deles (é importante que rapazes conversem com rapazes e moças com moças). Envie mensagens a ele ou ela, coletando motivos de oração. Coloque-se à disposição para esclarecer dúvidas ou ajudar em algo que ele ou ela precise nesta semana!

Dia 27

RENOVE AS FORÇAS E A ESPERANÇA

Mas aqueles que esperam no Senhor renovam as suas forças. Voam bem alto como águias; correm e não ficam exaustos, andam e não se cansam. Isaías 40:31

Quando Aragorn, Legolas e Gimli, chegam ao Reino de Rohan, encontram seu rei Théoden extremamente debilitado, doente e senil. Quem fala por ele é Gríma, conhecido como Língua-de-Cobra ou Língua-de-Verme, que era Conselheiro do rei. Gandalf, estranha que o herdeiro ao trono e sobrinho do monarca, Éomer, não esteja em Rohan, por ter sido banido de suas terras. O Mago então, desconfiado, confronta Gríma e o rei moribundo para então descobrir que ele estava sob uma forte influência de Saruman. Seu plano foi usar o Conselheiro de Rohan para anular Théoden e, com isso, facilitar a invasão do exército de Orcs de Isengard. Gandalf consegue libertar o rei da influência maligna, devolvendo a ele sua sanidade, saúde e vitalidade.

Curado, ele reintegra seu sobrinho ao exército de Rohan, empunha sua espada e pessoalmente vai defender Rohan na Batalha do Abismo de Helm e, mais tarde, socorrerá Gondor, na Batalha dos Campos de Pelennor, o maior acontecimento da Guerra do Anel. Neste momento, Théoden Rei conclama seus guerreiros a serem corajosos e lutarem, mesmo que em desvantagem, contra forças muito superiores. Seu discurso foi o seguinte:

"Ergam-se, ergam-se cavaleiros de Théoden! Lanças serão usadas! Escudos serão quebrados! Um dia de espada, um dia vermelho, antes do sol nascer!"

Embora avançado em idade, sua atuação no campo de Batalha é simplesmente incrível! Enfrentará o poderoso Rei Bruxo de Angmar e será mortalmente ferido no confronto, quando seu cavalo cai sobre ele. Antes de morrer, de maneira heroica, institui seu sobrinho Éomer como novo rei e se despede de Meriadoc Brandebuque, a quem havia dado a condição de Cavaleiro de Rohan.

A libertação de Théoden por Gandalf pode nos ajudar a compreender de que maneira podemos renovar nossas vidas em diversas áreas. O profeta Isaías, em seu longo ministério, declarou muitas profecias a respeito de vários temas e assuntos. Algumas delas foram direcionadas ao povo do Reino de Judá, que seria exilado na Babilônia anos depois de sua morte. Depois de sete décadas em uma terra estrangeira, levados como cativos, Deus estava prestes a libertar seu povo para retornar, através da queda do império babilônio em 539 a.C. A partir deste momento, os territórios passaram para o comando o Império Persa, sob o governo de Ciro II, o Grande.

Este foi o tempo e o contexto em que o versículo base de hoje foi escrito e, por esta razão, podemos compreender melhor o conceito de esperar no Senhor. Aqueles que esperam no Senhor, renovam suas forças, porque aprenderam a passar pelos processos em suas vidas. O povo de Judá precisou encontrar a paz no Exílio, enxergando o propósito de Deus naquela situação extrema. Eles esperavam retornar rapidamente, mas, na medida em que o tempo passava e as profecias de Jeremias sobre este cativeiro se mostravam genuínas (Jeremias 25:11), eles precisaram mudar de atitude. A força do povo cativo foi renovada no momento em que eles alinharam suas vontades pessoais com a soberana vontade de Deus! Ao compreenderem que não voltariam para casa antes dos setenta anos, deixaram de lutar contra esta ordenança e passaram a viver na Babilônia, sabendo que o Deus Todo Poderoso estava usando aquela situação difícil para ensinar ao seu povo.

O resultado desta mudança de mentalidade foi o estabelecimento e a prosperidade do povo de Judá na Babilônia. Quando o tempo de retornar finalmente chegou, a maioria dos descendentes daqueles que foram levados para o cativeiro decidiram permanecer nas terras estrangeiras, agora sob o governo dos persas. Você pode conhecer a história destes judeus que não retornaram, através da leitura do livro de Ester.

Alinhe seus planos e sonhos com a vontade de Deus e renove suas forças!

> *Desafio:* O que tem tirado sua energia e alegria nestes dias? O que você tem feito que não tem lhe trazido paz e tranquilidade? Talvez seja hora de uma mudança em sua vida! Um novo emprego, em que encontre um senso de propósito, servir em uma nova área em sua igreja local, estudar algo novo, enfim mudar de mentalidade! Ore, pense e converse com seu pastor sobre isso.

Dia 28

SEJA UM REGENTE FIEL

O que se requer destes encarregados é que sejam fiéis. 1 Coríntios 4:2

Denethor II foi o vigésimo sexto Regente Governante do Reino de Gondor. Há muito tempo atrás, os regentes tinham a função de servir aos monarcas deste Reino. Porém, com o aparente fim da linhagem do rei Isildur, os regentes tornaram-se governantes, devendo cuidar e proteger Gondor, até que um descendente do rei retornasse para requerer o trono. Como simbolismo adicional, os regentes sentavam-se aos pés do trono real, que permanecia vazio, como sinal de que os regentes não tomariam o poder, mas o guardariam para o verdadeiro monarca que uniria uma vez mais o Reino dos Homens.

Ele foi um bom governante, protegendo por cerca de 35 anos seu povo dos ataques vindos de Mordor, na medida em que o poder de Sauron aumentava. Porém, nutria muito ciúme por um dos capitães, que era muito admirado por seu pai Etchelion e pelo mago Gandalf, chamado Thorongil. Denethor percebeu que este capitão era Aragorn, o verdadeiro herdeiro do trono que ele deveria cuidar, mas que não estava disposto a entregar. A desconfiança de que havia chegado aquele que daria fim a era dos regentes, o levou a se fechar em seu palácio, desconfiando de todos ao seu redor. O último resquício de sua sanidade, se vai durante a Guerra do Anel quando recebe a notícia de que seu filho mais velho Boromir morreu ao tentar proteger Merry e Pippin do ataque dos Uruk-hai. Completamente perdido em seu sofrimento, se lançará em uma grande fogueira que havia preparado para seu filho mais novo, Faramir, que ainda estava vivo e que conseguiu fugir a tempo.

Um triste fim para alguém que, por muito tempo, compreendeu a razão pela qual havia sido chamado. Com Denethor II, a Era dos Regentes de Gondor termina, dando espaço para a Era dos Reis, dos quais Aragorn será o primeiro. Este denso personagem poderia nos trazer diversas reflexões possíveis, dentre elas a sua insegurança diante de Aragorn e Gandalf, ou ainda a complexa relação que ele tinha com seus dois filhos, Boromir e Faramir. Em virtude de nosso espaço, gostaria de falar sobre o seu papel enquanto Regente Governante de Gondor.

Um regente deveria cuidar do trono e do reino até que o governante por direito aparecesse, ou tivesse idade e maturidade para assumir o cargo. Mesmo sabendo que os palácios, exércitos, ouro e poder não pertenciam a ele, o regente usufruía de toda a estrutura do reino, mas não era o dono de toda a sua riqueza. Isso é muito interessante para refletirmos juntos com relação às nossas posses. Você já parou para pensar que, da mesma forma como Denethor era Regente de Gondor, eu e você também somos regentes dos recursos que temos? A Bíblia declara que:

Ao Senhor, ao seu Deus, pertencem os céus e até os mais altos céus, a terra e tudo o que existe nela. Deuteronômio 10:14.

Este texto pode nos incomodar, pois "a terra e tudo o que existe nela", é uma frase **muito** abrangente! Neste sentido, não apenas pertencemos a Ele, como também todas as nossas posses e bens materiais.

Esta verdade bíblica deveria mudar radicalmente a maneira como vivemos. Nosso texto base de hoje afirma que o princípio mais valioso sobre este tema é a Fidelidade. Ser fiel é a única maneira de cuidar adequadamente dos bens que pertencem ao Senhor, mas que usufruímos ao longo de nossas vidas.

Voltando à figura do regente, é necessário que ele tenha um comportamento condizente com o cargo que ocupa, pois a imagem que os súditos terão do Reino tem relação direta com o agir do regente. De igual forma, como bons mordomos, precisamos representar bem o Deus que nós servimos, através de nossas atitudes, palavras e relação com a sociedade ao nosso redor.

Seja um bom regente de tudo o que o Senhor tem oferecido a você, como um bom rei que Ele é. Faça isso e seja uma referência para o Reino nessa geração!

> *Desafio:* O que você precisa entregar ao controle de Deus neste dia para que compreenda que não é o dono, mas um regente do verdadeiro rei Jesus? Seu comportamento atual condiz com sua nobre condição? O que você precisa mudar em suas atitudes para ser esta pessoa especial neste tempo?

Dia 29

FAÇA A ESCOLHA CERTA

Pedro lhe disse: "Nós deixamos tudo o que tínhamos para seguir-te!" Respondeu Jesus: "Digo-lhes a verdade: Ninguém que tenha deixado casa, mulher, irmãos, pai, ou filhos por causa do Reino de Deus deixará de receber, na presente era, muitas vezes mais, e, na era futura, a vida eterna". Lucas 18:28-30

Arwen Undómiel é a filha mais nova de Elrond e neta de Galadriel, fazendo parte da última geração dos Altos Elfos na Terra Média. Recebeu o apelido de Estrela Vespertina, como sendo a mais bela representante de seu povo. Como parte da nobreza élfica, era herdeira de um grande legado de seus antepassados. Arwen tinha um papel muito importante entre os elfos, em especial após a Guerra do Anel, com a vitória dos povos livres contra os exércitos de Sauron.

Durante a juventude, foi enviada para passar um tempo com sua avó Galadriel em Lórien. Quando retorna para sua casa em Valfenda, encontra um jovem de 20 anos chamado Aragorn pela primeira vez e, desde então, o destino do casal se cruzaria por várias vezes e mudaria a história não apenas de homens e elfos, mas de toda a Terra-média. Aragorn se apaixona por ela desde o primeiro olhar, mas o romance só seria concretizado muitos anos depois, quando se reencontrariam em Lórien, comprometendo-se com o casamento. O que seria apenas mais uma história de amor como tantas outras, acaba unindo as duas raças em seu matrimônio!

O grande detalhe deste relacionamento está na escolha que Arwen precisa fazer para se casar com Aragorn. Ela é Meio-elfo como seu pai, por isso, precisa escolher entre a imortalidade dos elfos ou a mortalidade dos homens. Como podemos imaginar, ela opta por abrir mão da longevidade eterna, para viver seu amor com intensidade. Reinará com seu marido nos Reinos unificados de Arnor e Gondor, até a morte de Aragorn, morrendo pouco tempo depois.

Toda esta belíssima história de amor e sacrifício nos traz um princípio poderoso no devocional de hoje. Assim, a escolha de nossa personagem pode nos ajudar a compreender o exercício do ministério cristão.

Aqueles que forem chamados para o ministério passarão pela mesma situação de Arwen e quero analisar com carinho este ponto com você. A palavra **ministério** significa **serviço**. Como a nossa geração precisa de líderes que carreguem a Mensagem da Cruz de Cristo nestes dias sombrios que vivemos! Minha oração é que nosso Deus levante homens e mulheres, colocando em seus corações o senso de urgência para que possam servir uma geração que precisa desesperadamente do amor de Jesus.

Despertar para esta necessidade nos colocará, invariavelmente, no mesmo dilema de Arwen: fazer uma escolha impossível apenas pela razão. Da mesma forma como ela precisou abrir mão de sua imortalidade para viver como uma mortal, aqueles que resolvem dizer sim para o chamado de Cristo precisarão abrir mão de sonhos e projetos pessoais, para viver os sonhos e projetos de Deus. Esta escolha tira o controle de nossas mãos e o transfere para o Deus Soberano criador do Céu e da Terra!

Esta decisão pode parecer, em um primeiro momento, algo que não faça muito sentido, pois que benefício teremos em abrir mão de nossos sonhos e planos? Da mesma forma em que não é possível, racionalmente falando, compreender abrir mão da imortalidade em troca de apenas alguns anos de vida.

Esta é a chave da questão para ambos. A eternidade de uma vida vazia não pode ser comparada com a sensação viver o amor em sua plenitude, da mesma forma como uma vida comum, centrada nos próprios interesses, não pode ser comparada com as experiências e frutos que apenas servir ao Reino de Deus podem gerar.

Por isso, quando o momento chegar, pense bem na sua decisão. Nela se encontra a diferença entre uma vida comum e uma vida extraordinária na presença de Deus!

> ***Desafio:*** Você pensa sobre servir ao Reino de Deus? Agende uma conversa com o pastor de sua igreja e converse com ele sobre como ele descobriu que tinha um chamado pastoral. Pergunte como foi sua jornada, quais as maiores conquistas e os maiores desafios de sua vida desde que ele ou ela tomou esta decisão. Minha oração é que você seja inspirado pela história de seu líder!

Dia 30

TENHA ORGULHO DE SUA HISTÓRIA...
...DE TODA ELA!

Vocês, porém, são geração eleita, sacerdócio real, nação santa, povo exclusivo de Deus, para anunciar as grandezas daquele que os chamou das trevas para a sua maravilhosa luz. 1 Pedro 2:9

Boromir é filho primogênito de Denethor II, último regente de Gondor. Em sua vida adulta foi um brilhante combatente e estrategista militar, o que rendeu a ele vários títulos no exército de Gondor, como Capitão da Torre Branca. Sua liderança em combate manteve os Orcs de Sauron distantes da Cidadela. Sua aparência era semelhante aos dos numenorianos ancestrais em altura e força, sem contar a coragem e habilidade, reconhecidas para além das fronteiras de Gondor. Ele terá como grande companheiro o irmão mais novo Faramir, com quem divide a liderança da defesa da Cidade Branca dos homens.

Seu irmão começa a ter sonhos que ele considera premonitórios e por isso viaja até a cidade de Valfenda para buscar o conselho de Elrond, partindo em uma viajem extremamente difícil que durou 115 dias. Quando enfim chega ao seu destino, encontra o Conselho do Anel reunido, e se oferece a integrar a Sociedade do Anel junto aos demais membros já analisados em nosso devocional.

Sua lealdade e orgulho pela história de sua cidade, o levarão a oscilar da honra para a catástrofe em pouco tempo. Depois de anos lutando em desvantagem para proteger Gondor, Boromir vê no Um Anel que Frodo carregava a oportunidade perfeita de encontrar um atalho que permita a vitória dos Homens contra Sauron. Por isso, ameaçará o Hobbit para que lhe dê a joia. A pequena criatura fugirá do cavaleiro, provocando assim a destruição da Sociedade do Anel. Em pouco tempo, ele percebe seu erro e se redime, lutando até a morte para proteger Merry e Pippin do ataque dos Uruk-hai que surgem de Isengard. Sozinho, o Capitão da Torre Branca derrota dezenas de criaturas antes de tombar como o herói que sempre foi. Aragorn, Legolas e Gimli chegam para ouvir suas últimas palavras, em que pede perdão por seus atos e reconhece Aragorn como o rei legítimo de Gondor.

A trajetória de Boromir é perfeita para falarmos a respeito de nossa tradição enquanto cristãos! A Igreja possui uma história incrível que dura dois milênios até o presente momento. Ao longo de tantos séculos, houve muitos acontecimentos, a maior parte deles dignos e honrosos. Porém, alguns destes acontecimentos simplesmente não condizem com a magnitude do texto base de hoje. Assim como Boromir errou ao não medir as consequências de seu ato com Frodo, a Igreja cometeu erros ao não se manter em sua missão espiritual, comprometendo algumas vezes o seu papel diante da sociedade. Podemos citar, por exemplo, o advento das Cruzadas Medievais, campanhas militares que tiveram a fé cristã como elemento legitimador. Outro exemplo é a chamada Santa Inquisição, em que a conversão de fiéis era realizada de maneira forçada, sob pena de tortura e morte, em especial de judeus e muçulmanos, entre outros eventos históricos que poderíamos citar aqui. A Bíblia também nos oferece a história dos grandes homens e mulheres de Deus, apontando não apenas suas virtudes, mas também suas fraquezas e lutas pessoais. Tudo isso deve nos encorajar com relação à nossa história cristã, de maneira individual. A Palavra de Deus afirma que:

Todos pecaram e estão destituídos da glória de Deus. Romanos 3:23

Por melhor que tentemos ser, cometeremos erros e falhas ao longo de nossa trajetória na terra. A queda deve ser a exceção à regra na vida de um cristão, mas, quando ela ocorrer, devemos rapidamente nos arrepender e mudar de atitude. Boromir se arrependeu de tentar corromper o portador do Anel e morreu protegendo dois membros da Sociedade, como ele fez ao longo de toda a sua vida. Assim, eu e você devemos nos alegrar em sermos quem somos em Cristo, que nos concede novas chances todos os dias para acertar onde podemos ter errado. Nossos erros são oportunidades incríveis para aprendermos lições importantes em nossa jornada. Por isso, tenha orgulho de sua história... de toda ela!

Desafio: Você se recorda de erros que cometeu no passado e que não gosta de se lembrar? Você conseguiu superar estes desafios? O que aprendeu com eles? Quais as lições você poderia ensinar para outras pessoas baseado na sua história de vida?

Dia 31

VOCÊ NÃO PRECISA SER MELHOR DO QUE NINGUÉM

Cada um examine os próprios atos, e então poderá orgulhar-se de si mesmo, sem se comparar com ninguém. Gálatas 6:4

Faramir é o filho mais novo de Denethor II e da princesa Finduilas. Sua mãe falece quando ele tinha apenas cinco anos de idade. A partir deste momento, seu pai se torna um homem amargurado e solitário, distante de seu filho mais novo. A ausência do amor paterno, faz com que Faramir se aproxime muito de seu irmão mais velho Boromir, em quem se espelha e tenta imitar para assim chamar a atenção de seu pai. Os irmãos se amavam e não competiam entre si, mas Denethor tinha uma predileção explícita pelo seu primogênito.

Ele passou a infância e juventude tentando deixar seu pai orgulhoso, mas o resultado era exatamente o oposto de seu desejo, por razões que ele desconhecia. Em certa ocasião, deixou Denethor muito desapontado, quando simplesmente permitiu a entrada de Gandalf em Minas Tirith. O jovem cavaleiro era sedento por conhecimento e aproveitou a visita do Mago para ouvir as histórias sobre o reino dos homens, além do reinado e morte de Isildur. Com o início da Guerra do Anel, Sauron enviou tropas para as ruínas da cidade de Osgiliath, que era fundamental para proteger o acesso até a Cidade Branca. Os irmãos defenderam bravamente a posição estratégica, até que o inimigo conseguiu vencer suas defesas. Com muitas baixas,

Faramir e Boromir estavam entre os poucos que conseguiram sobreviver a este ataque. Mais tarde, ele terá um sonho de difícil interpretação e o considerará profético sobre o futuro de Gondor e, por isso, decide ir até Valfenda para contar e buscar conselhos do Elfo Elrond. Seu irmão, temendo por sua vida, solicita ao Conselho da Cidade autorização para que ele mesmo faça a viagem, entrando para a Sociedade do Anel, como já analisamos anteriormente.

Faramir encontrará Frodo e Sam em sua jornada a caminho de Mordor, e este encontro revelará a diferença entre ele e seu irmão. Em sua sabedoria, compreendeu que não deveria usar o Um Anel para vencer a batalha. Desta forma, fornece provisões e permite que o pequeno grupo siga sua viagem.

O Cavaleiro de Gondor possuía um instinto nato para liderar, era extremamente hábil com armas e tinha uma capacidade incomum para raciocinar rapidamente quando em batalha. Todas estas habilidades renderam a ele o respeito dos gondorianos. Com a morte de seu pai, assume o posto de regente para preparar o Reino para a coroação do rei Aragorn, entregando o cargo logo em seguida. O novo monarca então, devolve o título a ele, decretando que, enquanto sua linhagem existisse, seus descendentes herdariam o título de regentes. Faramir foi um dos principais aliados de Aragorn durante todo o seu reinado.

Este complexo personagem pode nos ensinar muito a respeito de um tema espinhoso, mas muito presente em nossa sociedade: a comparação. No desejo ardente de agradar seu pai, Faramir procurava fazer tudo o que seu irmão fazia, até mesmo quando isso colocava sua vida em risco. A comparação não é permitida na Bíblia, pois todos fomos criados à imagem e semelhança de Deus, sendo únicos na terra. Não existem dois seres humanos idênticos, mesmo que sejam irmãos gêmeos muito parecidos.

Não somos iguais! Fisiologicamente somos diferentes, fomos criados pelos nossos responsáveis de maneira distinta, vivemos com temperamentos específicos, temos formações diversas, etc. Esta constatação não nos faz melhores ou piores que ninguém, apenas diferentes! Vivemos em uma era de competição midiática, em que as pessoas são julgadas não apenas pelas suas posses, mas também pelo número de seguidores e curtidas que recebem em seus posts. Saber que esta competição contra o próximo é realmente inútil, pode ser verdadeiramente libertador para nossas vidas.

Afinal, a única pessoa que você deve superar é você mesmo: seja melhor hoje do que foi ontem!

> **Desafio:** Você tem o hábito de se comparar aos outros? Quais são os gatilhos que despertam em você a ideia equivocada de que os outros são melhores? Medite neste dia em Jeremias 1:5 e escreva como isso se aplica à sua vida. Pensando na ideia de superação pessoal que apresentamos em nosso devocional, quais são as atitudes que você precisa tomar para se tornar alguém melhor do que você tem sido atualmente?

Dia 32

A OMISSÃO É UM PECADO PERIGOSO

Pensem nisto, pois: Quem sabe que deve fazer o bem e não o faz, comete pecado. Tiago 4:17

Barbárvore é um dos três Ents remanescentes dos Dias Antigos. Os Ents são grandes árvores humanoides criadas pelos Valar, com o propósito de serem uma espécie de "Pastores das Árvores". Eles sabiam que os anãos, pelas características de sua raça, derrubariam muitas árvores, seja para construir ou seja por necessidade do uso de madeira para aquecer suas poderosas forjas. Os Elfos os ensinaram a falar naquela época. Por ser tão antigo, seus olhos presenciaram todos os acontecimentos importantes da história da Terra-média, desde a ameaça de Morgoth, até a ascensão de Sauron. Barbárvore era conhecido pelos magos Istar, em especial Gandalf e Saruman, que nos tempos de paz o procuravam na floresta de Fangorn, seu lar.

Esta floresta separava três importantes localidades durante a Guerra do Anel: Rohan, Isengard e Lothlórien. Por esta razão, este Ent ancestral terá um papel muito importante no desenrolar do conflito. Quando Merry e Pippin escapam dos Uruk-hai, entram na floresta e encontram Barbárvore, que os leva a um lugar seguro no coração de Fangorn. Os hobbits contam suas histórias sobre a Guerra em andamento, mas a antiga criatura, que sobreviveu tanto tempo, justamente por não se envolver nos conflitos que não diziam respeito diretamente à sua espécie, resolve não tomar partido na guerra. Ao perceberem que não contariam com a ajuda dos Ents, os hobbits orquestram uma perspicaz estratégia. Eles pedem para que Barbárvore os deixem próximos a Isengard. O plano tinha como objetivo mostrar "ao vivo e a cinzas", o tamanho da destruição da floresta ao redor da torre de Saruman. Ele então viu com seus próprios olhos o caos e a destruição da natureza que alimentava as máquinas subterrâneas de destruição para a guerra. Assim, a omissão e a passividade cederam espaço, imediatamente, para um ataque coordenado entre os últimos Ents convocados por Barbárvore. Eles desviam o leito do rio Isen que inunda as cavernas subterrâneas, destruindo toda a capacidade de produção militar de Saruman, que fica isolado em sua Torre. A participação dos Ents foi fundamental para que novos exércitos de Orcs não fossem criados para ajudar nas últimas batalhas da Guerra do Anel.

Recentemente, visitei o Museu do Holocausto de Curitiba com meus alunos de História de Israel. Algo que me chocou muito foi a formação dos grupos que viveram durante a ascensão do Regime Nazista. A sociedade era composta pelas vítimas, pelos algozes e pelos observadores. Este último grupo era a maioria da população da Alemanha, na década de 30 do século passado. Enquanto estas pessoas faziam de conta que nada estava acontecendo, o discurso e a barbárie foram escalando, até dar início oficial ao Holocausto, que resultou no extermínio de 11 milhões de pessoas, entre judeus e outras minorias. Nada aconteceu de repente, mas foi fruto de um longo e doloroso processo histórico, contando com o silêncio doloso de boa parte da população que não foi diretamente atingida pelo nazismo.

Fazer vista grossa para as injustiças ao nosso redor traz sérias consequências não apenas para nossa geração, mas também para as gerações futuras. A Igreja cristã tem uma longa tradição no cuidado com os mais necessitados e com o trabalho social nas grandes metrópoles. A correria do dia a dia e a multidão de eventos em nossas igrejas não pode nos transformar em pessoas indiferentes com relação ao sofrimento de nosso próximo. Uma das principais parábolas contadas por Jesus em seu ministério ficou conhecida como a Parábola do Bom Samaritano. Nela, um homem foi assaltado e espancado na estrada, sendo deixado à beira do caminho para morrer. Os religiosos da época não pararam para atender e continuaram seu caminho. Quem ajudou o moribundo foi um samaritano, grupo que era rejeitado pelos judeus.

A Igreja cristã tem um papel fundamental na sociedade contemporânea. Para que possa exercê-lo, é preciso prestar muita atenção ao que acontece fora das quatro paredes dos templos.

> *Desafio:* Faça uma pesquisa sobre os dados socioeconômicos de sua cidade, estado e país. Procure pelo número de habitantes que vivem abaixo da linha da pobreza, quantas passam fome, taxa de desemprego, população carcerária, assassinatos, entre outros que você conseguir com os órgãos oficiais, para manter a conexão com a realidade que precisa ser transformada pelo Evangelho de Cristo!

Dia 33

GUERRA OU PAZ?

Ao verem o que ia acontecer, os que estavam com Jesus lhe disseram: "Senhor, atacaremos com espadas?" E um deles feriu o servo do sumo sacerdote, decepando-lhe a orelha direita. Jesus, porém, respondeu: "Basta!" E tocando na orelha do homem, ele o curou. Lucas 22:49-51

Éowyn é sobrinha do rei Théoden e irmã de Éomer. Seu pai morreu lutando contra Orcs, quando ela tinha sete anos, e sua mãe morreu de desgosto logo depois. Por esta razão, os irmãos foram criados pelo tio, no ambiente da corte e da realeza. Eles eram extremamente gratos, pois o rei cuidava deles como se fossem seus filhos.

Ela é descrita como uma donzela escudeira e mulher guerreira, com uma aparência nobre, pertinente ao ambiente da corte. Em seu espírito, era extremamente corajosa e idealista. Quando o rei adoeceu pela influência nefasta de Gríma Língua de Cobra, a jovem dedicou anos de sua vida para cuidar de seu tio debilitado, cumprindo seus deveres como donzela escudeira. Seu maior sonho era ser reconhecida como um dos grandes Cavaleiros de Rohan, desde que passou a viver no castelo com o rei.

Durante a doença de seu tio, ela cuidou dele, sofrendo pela condição de Théoden, ao mesmo tempo em que precisou lidar com o assédio de Gríma, que queria se casar com ela. Quando Gandalf chega a Rohan e liberta o rei do feitiço, expulsando Gríma de suas terras, o mago liberta de maneira indireta Éowyn como cuidadora do rei. Desejando participar da Batalha do Abismo de Helm, será desaconselhada por Aragorn, que pede para que ela tome o lugar do rei no governo de Rohan durante o conflito.

Na Batalha dos Campos de Pelennor, ela se disfarça de homem e leva consigo o hobbit Merry, que também tinha sido deixado para trás. A dupla será responsável pela derrota do Rei Bruxo de Angmar. Éowyn fica muito ferida no confronto, sendo levada para as Casas de Cura, onde conhece Faramir, por quem se apaixona e se casa mais tarde. Esta experiência mudou sua perspectiva, pois não queria mais lutar as batalhas com os cavaleiros, mas sim curar aqueles que fossem feridos nelas. Seria, a partir de então, alguém que levaria vida através do cuidado com os enfermos, ao invés de levar a morte a partir da espada nas batalhas.

Gostaria de aproveitar o exemplo de Éowyn para conversar neste dia a respeito de escolhas que a Igreja cristã tem feito ao longo de sua história. Esta análise pode nos ajudar a identificar possíveis problemas em nosso presente e futuro. Em mais de dois mil anos de História, a Igreja acertou muitas vezes, mas também errou, quando comparamos o seu comportamento com as Escrituras. Por exemplo, podemos citar as Cruzadas, evento em que o discurso religioso foi usado como argumento para legitimar conflitos militares. Como já falamos, em nossos dias uma espécie de "espírito de Cruzada" tem retornado ao discurso de muitos cristãos. O campo de batalha não é mais Jerusalém a ser reconquistada dos muçulmanos, mas sim as redes sociais. O conflito cultural acontece por diversos motivos, seja com adeptos de outras religiões, com grupos diversos da sociedade civil, passando até mesmo por posicionamento político partidário.

A hostilidade de cristãos com parcelas importantes da sociedade sempre existiu, mas agora reverbera através da Internet. Este comportamento simplesmente não contribui com a missão deixada por Jesus aos seus discípulos:

E disse-lhes: "Vão pelo mundo todo e preguem o evangelho a todas as pessoas". Marcos 16:15

Como Cristo é abrangente, **todas** as pessoas devem ouvir este Evangelho que salva, cura e liberta! Não somos porteiros do Reino, que escolhem quem deve entrar ou ficar do lado de fora. Todos são bem-vindos! Uma vez que tenham ouvido a Palavra de Deus, cada indivíduo fará suas escolhas. Por isso, é nosso papel estabelecer pontes ao invés de barreiras em nossa geração.

Éowyn sonhava lutar nas batalhas de Rohan. Quando ela viu a morte e as feridas geradas pela guerra, optou por carregar a Cura em sua própria vida. De tempos em tempos, como igreja, precisamos fazer a mesma escolha.

Desafio: Faltam sete dias para o fim de nosso devocional. Nestes sete dias, poste em suas redes apenas textos bíblicos e mensagens de fé e de esperança para seus seguidores. Se quiser, use os textos base dos próximos devocionais. Você vai perceber que o mundo segue existindo sem a sua opinião!

Dia 34

A GRANDIOSIDADE DAS PEQUENAS HISTÓRIAS

A um deu cinco talentos, a outro dois, e a outro um; a cada um de acordo com a sua capacidade. Em seguida partiu de viagem. Mateus 25:15

Radagast, conhecido como o Castanho, por causa da cor de sua roupa, foi um dos cinco Istari enviados à Terra-média pelos Valar. Assim como Saruman e Gandalf, também tinha um nome original, Aiwendil, que significava ave-amiga. A Vala Yavanna convenceu Saruman a trazer Radagast como parte da comitiva de Magos. Por esta razão, o líder dos Istari não o reconheceu como um igual, desdenhando de seu poder e habilidade.

Desde sua chegada, viveu em contato com a natureza, em Rhosgobel, entre a Floresta das Trevas e a Floresta da Velha Estrada. Seus poderes envolviam a capacidade de se comunicar com pássaros, discernir sobre o uso medicinal de ervas e plantas, bem como a cuidar dos animais da floresta.

Mesmo sendo um dos poderosos magos enviados para a Terra-média pelos Valar, temos pouca informação a seu respeito nas obras de Tolkien. Ele é usado por Saruman para atrair Gandalf até Isengard, onde é capturado, mas também o ajuda, de maneira involuntária, quando envia uma águia até o local para avisar Saruman do crescimento das forças de Sauron. Quando ela percebe que Gandalf está preso no topo da torre, o retira de lá em segurança antes que o mago branco pudesse perceber sua ausência.

O Conselho que se reúne em Valfenda decide que todos os aliados dos povos livres devem ser convocados para ajudar na luta contra Sauron. Quando os emissários são enviados até o lar de Radagast, não encontram ninguém. Não temos mais notícias a respeito do mago castanho desde então.

O julgamento sobre este personagem apresenta múltiplas possibilidades. É possível que ele tenha desistido de sua missão original de ajudar as raças contra Sauron, mas também é possível que sua missão tenha nuances diferentes dos demais. Como foi escolhido pessoalmente por Yavanna, pode ter sido designado para cuidar das plantas e animais da Terra-média, uma tarefa que continuaria, mesmo após o término da Guerra do Anel. E esta segunda hipótese a respeito de seu destino é o ponto que eu gostaria de tratar com você neste dia.

Todo o universo fantástico criado por Tolkien apresenta uma história épica que envolve grandes heróis, exércitos gigantescos e um grande vilão. Todos os personagens das histórias principais recebem um grande destaque e uma grande vitória ao término da trama. Porém, a Terra-média não é composta apenas por conflitos épicos, mas também por pequenas histórias, que não aparecem quando estamos preocupados com o destino de Frodo, as batalhas de Aragorn, ou com a sabedoria de Gandalf. Radagast tinha a missão de cuidar das plantas e animais de sua floresta, e acredito que a tenha cumprido com louvor, mesmo que com isso não tenha aparecido nas listas dos heróis que venceram a Guerra do Anel.

No texto base de hoje, Jesus conta a famosa Parábola dos Talentos. Na história, trabalhadores recebem quantias diferentes de dinheiro para realizarem o mesmo trabalho. O que recebeu cinco, entregou dez; o que ganhou dois, entregou quatro; e o que obteve um não multiplicou o recurso e devolveu o mesmo talento que havia recebido, sendo duramente criticado pelo senhor daquelas terras.

A grande questão que esta parábola nos traz é que não existe protagonismo entre os filhos de Deus. A importância dos três trabalhadores era exatamente a mesma, no sentido de receberem pelo mesmo serviço. O trabalhador que devolveu dez talentos não impressionou o empregador, que se alegrou de igual maneira ao receber os quatro talentos do segundo empregado. A ira para com aquele que recebeu um talento estava relacionada a não fazer nada com o recurso recebido.

Desta forma, o Reino de Deus não é composto apenas de grandes líderes que pregam para milhares de pessoas, mas de homens e mulheres que compartilham suas experiências longe das luzes das plataformas.

Aprenda a viver a grandiosidade das pequenas histórias com Deus!

Desafio: O que você tem feito com os talentos que Deus lhe deu? É possível multiplica-los na vida de outras pessoas? Como você pode viabilizar isso em sua vida e ministério?

Dia 35

O VENENO MORTÍFERO DA LÍNGUA

Com a língua bendizemos ao Senhor e Pai, e com ela amaldiçoamos os homens, feitos à semelhança de Deus. Da mesma boca procedem bênção e maldição. Meus irmãos, não pode ser assim! Tiago 3:9,10

Gríma apelidado de Língua de Cobra, ou ainda Língua de Verme, era o principal conselheiro do rei Théoden. Ele foi fiel no início, mas acabou se associando ao mago Saruman, passando a servir em seu plano de enfraquecer e destruir o Reino de Rohan, através de intrigas, mentiras e palavras ardilosas. Por sua causa, o sobrinho do rei, e herdeiro ao trono Éomer, foi banido do reino com um grupo de cavaleiros renegados de Rohan.

Seu nome diz muito a respeito de seu caráter, pois Gríma tem uma origem no inglês antigo e significa "máscara" ou "capacete". Ele é o que chamaríamos de um "bajulador padrão", pois na frente do rei tecia apenas elogios, mas pelas suas costas tramava contra sua vida e de sua família, banindo seu sobrinho e desejando se casar com sua sobrinha Éowyn, mesmo contra sua vontade.

O poder e o prestígio de ser o principal conselheiro do rei fizeram com que se tornasse presunçoso, na medida em que o feitiço lançado por Saruman debilitava, adoecia e envelhecia o rei Théoden precocemente. Todos os habitantes do reino o odiavam sobremaneira, por saberem o que ele havia feito ao rei e a sua família, com exceção do próprio rei. Saruman havia prometido a ele a mão de Éowyn, por todo o trabalho sujo que ele havia feito em Rohan. Tudo corria muito bem, até a chegada de Gandalf, que o desmascarou e humilhou, libertando Théoden da influência maligna do mago de Isengard, permitindo que o rei pudesse, uma vez mais, governar com justiça e honra. Gríma recebe duas opções para a punição de seus crimes: exílio ou servir no exército do reino. Ele escolhe a primeira opção e se refugia ao lado de Saruman, até a queda de Isengard pelo ataque dos Ents com os hobbits Merry e Pippin.

O fim de Língua de Cobra será medíocre. Os livros nos contam que, após sua derrota, Saruman viaja em direção ao Condado ao lado de Gríma sem seus poderes e passa a "governar" como um criminoso comum. No final, Gríma matará Saruman pelas costas, sendo morto por arqueiros hobbits, liderados por Frodo.

Gostaria de aproveitar este personagem para falar sobre uma verdadeira arma de destruição em massa, de tamanho muito reduzido, que todos carregamos em nossos corpos: nossa língua! O texto base de hoje mostra uma espécie de dualismo possível em nossos relacionamentos, seja com familiares ou amigos e irmãos em Cristo. Com a língua podemos abençoar ou amaldiçoar pessoas amadas por Deus. Ela nos permite proclamar a Palavra, ou destruir reputações. Contar a verdade que liberta, ou a mentira que aprisiona. Poderíamos continuar com esta lista, porém, o mais importante é compreender que todos nós precisamos decidir, todos os dias, que tipo de uso faremos de nossa língua através de nossas palavras.

Esta escolha transpassa aquilo o que dizemos "ao vivo" diante de outras pessoas, e migra para o que teclamos em nossas redes sociais. A tecnologia que marca nosso presente apresenta muitos desafios que as gerações que nos antecederam nunca imaginaram um dia existir. Por isso, tome muito cuidado com o que você posta ou com o que comenta nas redes de outras pessoas, pois o efeito de nossos comentários pode ser tão nocivo quanto as palavras ditas presencialmente.

Enquanto cuidamos para não cedermos nossas línguas e dedos para o inimigo, é fundamental cuidar com os "Grímas" que estão ao nosso redor. Palavras de maldição, de desânimo e de culpa, devem ser repreendidas a partir da verdade contida na Palavra de Deus. É apenas nela que encontramos a verdade a nosso respeito e todas as promessas que Deus tem para aqueles que nEle esperam!

Desafio: Você consegue controlar sua língua / seus dedos no teclado? Já se arrependeu por ter dito algo a alguém ou escrito alguma coisa em suas redes sociais? Na próxima vez em que estiver nervoso / nervosa com algo ou alguém, cronometre 05 minutos para refletir sobre os efeitos de sua fala ou texto na vida de outras pessoas. É muito provável que você desista do que pensou em fazer - e isso é um sinal claro de maturidade!

Dia 36

ESPERANÇA EM MEIO ÀS TREVAS

Lâmpada para os meus pés é tua palavra, e luz para o meu caminho.
Salmos 119:105

Os Elfos de Gondolin forjaram um punhal especial, durante a Primeira Era. Sua lâmina tinha a capacidade de brilhar uma luz azul, quando alguma criatura maligna estivesse a um determinado raio de distância dela, alertando quem a empunhava. Com isso, seria possível antever os ataques de Orcs, Aranhas e outros seres da Terra-média.

A arma permaneceu desaparecida por muitos séculos, até ser encontrada por Bilbo Bolseiro, durante a jornada da comitiva de anãos rumo à montanha de Erebor, para combater o dragão Smaug. O punhal estava em meio a um tesouro Troll junto a outros artefatos, como as espadas Glamdring, que ficam com Gandalf; e a Orcrist, que será empunhada por Thorin Escudo de Carvalho. Bilbo fica com o punhal élfico, que será usado como uma espada curta, por causa da estatura dos hobbits, dando a ela o nome de Ferroada. Quando a aventura de Bilbo termina, ele retorna com a espada ao Condado, inserindo algumas runas obtidas ao longo de sua viagem.

Muito tempo depois, Ferroada será entregue a Frodo, em Valfenda, antes da Sociedade do Anel partir para Mordor para destruir o Um Anel. A espada será muito útil para Frodo e Sam durante o caminho oculto para a Montanha da Perdição. Sua luz que alertava sobre a presença do inimigo salvou a vida da dupla por diversas vezes, após o fim da Sociedade. Com o término da Guerra do Anel, Frodo passa sua espada para Sam, transformando-a em uma relíquia importante da família Gamgee.

Somos peregrinos neste mundo tenebroso. Nele, embora exista beleza e bondade, as trevas insistem em tentar confundir e dificultar nosso caminho, com ciladas e tentações perversas. Por esta razão, precisamos de uma luz que possa não apenas nos guiar em meio à escuridão crescente, mas nos levar por um caminho seguro e correto. Esta luz precisa expor os perigos, em especial do pecado e da tentação em nossas vidas cotidianas, dissipando toda a dúvida, trazendo a consciência de quem somos a partir de uma identidade firmada em Deus.

Ferroada, o artefato utilizado em nosso devocional de hoje, reúne duas características da Bíblia muito interessantes para nossa conversa. Em Efésios 6:17, ela é uma espada poderosa, e no texto base de hoje, uma luz para o nosso caminho.

Além de ser uma arma que nos protege da mentira, nos revelando os verdadeiros inimigos do cristão, a Palavra de Deus é também uma lanterna que ilumina nossos passos nos dias sombrios de nossa existência. Ela é fundamental para que possamos caminhar por estradas seguras e corretas, evitando o desperdício de tempo em lugares que não edifiquem a nossa fé. A Bíblia é o nosso guia prático para uma jornada bem-sucedida na terra, mesmo que em meio a grandes desafios.

Para ser bom com espadas, é necessário muito tempo de treino com elas. Da mesma forma, para usar corretamente a Palavra de Deus, precisamos dedicar tempo de nossas vidas ao estudo e meditação nesta que é uma de nossas únicas armas nesta guerra cotidiana. Sua verdade nos atinge no mais profundo de nosso ser, gerando transformação de mentalidade e uma nova vida firmada em Cristo

Não se esqueça que precisamos aprender a usar a Bíblia tanto como uma espada, quanto como uma lanterna. Porém, para fazer isso, é importante que a usemos, lendo sua verdade em espírito de oração, em busca de sabedoria para a revelação de seus princípios eternos. Além disso, sua luz de conhecimento nos avisará quando estivermos próximos aos perigos pertinentes de uma sociedade envolta em trevas. Você foi chamado para dissipar a escuridão, levando a luz da Palavra para os lugares sem esperança do mundo!

> *Desafio:* Estamos na reta final de nosso devocional e, ao longo desta jornada, desafiamos você em diversas ocasiões a melhorar sua relação com a Bíblia. Estimulamos você a ler capítulos, alguns livros inteiros, alimentando a sua meditação e reflexão na Palavra de Deus. Podemos dizer que você "treinou" bastante com sua espada ao longo destes dias de Devocional. Esperamos que você continue seu treinamento, mesmo quando este tempo terminar, pois só assim você poderá iluminar não apenas o seu caminho, mas também o daqueles que estiverem ao seu redor. Continue! Não pare! Jamais retroceda!

Dia 37

A MEIA-VERDADE É UMA MENTIRA PERIGOSA

Quando os chefes dos sacerdotes se reuniram com os líderes religiosos, elaboraram um plano. Deram aos soldados grande soma de dinheiro, dizendo-lhes: "Vocês devem declarar o seguinte: 'Os discípulos dele vieram durante a noite e furtaram o corpo, enquanto estávamos dormindo'.
Mateus 28:12,13

As **Palantíri** eram rochas em formato esférico de diversos tamanhos, criadas pelos Elfos de Valinor, para comunicação. Provavelmente, foi o próprio Fëanor, o lendário artesão élfico, responsável por criar também as Silmarils, joias das quais ainda falaremos em nosso devocional. Não se sabe ao certo quantas Palantíri foram criadas, mas pelo menos oito foram utilizadas. Sete delas foram salvas por Elendil, durante a Queda de Númenor e levadas para a Terra-média, permanecendo quatro em Gondor e três em Arnor.

Um usuário da Palantír poderia enxergar longas distâncias, além de eventos que já ocorreram na história. Duas pessoas em pontos diferentes e distantes da Terra-média poderiam se comunicar por meio de dois exemplares da rocha mística. Elas foram produzidas a partir de um cristal escuro e indestrutível para armas e artefatos comuns.

Dependendo do poder de um usuário, ele poderia limitar ou apresentar imagens seletivas para outra pessoa em contato com esta pedra. Gandalf dizia que este não era um método de comunicação confiável, pois Sauron poderia manipular aquilo que os usuários veriam. Embora nem mesmo o Senhor do Escuro ou Saruman pudessem criar imagens ou mentir sobre elas, o fato de manipularem o conteúdo recebido pelo usuário transformava as Palantíri em artefatos perigosos e não duvidosos. Foi através de uma delas que Saruman foi corrompido por Sauron e Denethor II en-

enlouqueceu por meio da exposição prolongada ao artefato.

Esta rocha complexa e misteriosa pode nos ajudar a conversar sobre parcialidade em nosso devocional. O texto base é um exemplo de como meias verdades podem ser mentiras perigosas. Jesus havia ressuscitado e seu corpo, obviamente, não estava mais no sepulcro. O fato verdadeiro é a ausência do corpo, e os sacerdotes usam este fragmento da verdade para criar uma história de que os discípulos haviam roubado o corpo de Cristo.

A Bíblia é a Palavra de Deus, de Gênesis a Apocalipse! Neste sentido, é importante conhecermos a totalidade deste livro sagrado, para que não sejamos parciais em nosso cristianismo. A tentação é grande para acatarmos apenas aquilo que nos agrada, deixando de fora tudo aquilo que achamos difícil de praticar, e por isso mesmo devemos lutar com todas as nossas forças a este respeito.

Para aqueles que lideram departamentos ou igrejas, a tentação é ainda maior. Sabemos que vivemos em uma sociedade hedonista, que cultua o egoísmo como estilo de vida. Desta forma, pregar mensagens parciais, que contenham apenas parte da verdade eterna é um desvio doutrinário bastante presente em nossa realidade, infelizmente.

Arrisco dizer que a parcialidade bíblica é um dos maiores perigos teológicos de nossa geração. Por conter uma parte do todo, o desvio tem a aparência de verdade bíblica e vai de encontro aos anseios do público. Tentando alcançar este público, muitas mensagens tornam-se extremamente rasas, falando exclusivamente do amor de Deus para com o pecador, deixando de lado as consequências do pecado. Isso causa um excesso de confiança na Graça Divina que recebe o nome, em nosso tempo, de "Hiper Graça". Este é apenas um dos desvios teológicos com os quais precisamos lidar em nosso presente e que devem ser combatidos por uma teologia bíblica bem fundamentada e equilibrada.

Precisamos pregar sobre a Graça Divina, mas também sobre as consequências do pecado. Falar sobre promessas e bênçãos, mas também das aflições que passaremos ao longo de nossa existência. Sobre o perdão amoroso de Deus, mas também da necessidade em perdoar nossos inimigos. Enfim, precisamos pregar o Evangelho do Reino de maneira integral, não deixando de fora as partes difíceis ou polêmicas das Escrituras.

Ter uma atitude coerente com o ensino de Cristo talvez não nos coloque nos "trending topics" de popularidade entre as pessoas, mas com certeza trará a paz e a tranquilidade necessárias para continuarmos fazendo a diferença na vida daqueles que ouvirem o que o Espírito tem a dizer para a Igreja hoje!

Desafio: Em sua opinião, qual é o perigo em se pregar "partes" do texto sagrado? Você consegue identificar uma mensagem "parcial"? Como você pode se proteger deste tipo de abordagem da Palavra de Deus?

Dia 38

RESISTA ÀS TENTAÇÕES

Então Jesus foi levado pelo Espírito ao deserto, para ser tentado pelo diabo. Mateus 4:1

Os Anéis de Poder foram forjados pelo elfo Celebrimbor, influenciado por Sauron, que havia mudado de forma e adotado o nome de Annatar, ou o Senhor dos Presentes. Ao todo foram criados dezenove anéis, sendo três para os Elfos, sete aos Anãos e nove para os Homens. O Senhor do Escuro forjou um anel adicional na Montanha da Perdição em Mordor e deu a ele o nome de Um Anel, que possuía a capacidade de controlar todos os demais.

O Um Anel possuía vontade própria e sempre recorreria ao seu criador. Parte da alma do Senhor do Escuro estava contida na joia. Por ser uma essência totalmente má, todos aqueles que usaram o artefato foram contaminados com sua maldade. Seu poder mais comum era a habilidade de dar invisibilidade a qualquer um que o usasse. Na verdade, ele acessava uma espécie de dimensão espectral em que ele poderia ser visto por Sauron e seus asseclas. De maneira adicional, se o portador fosse poderoso o suficiente, seria capaz de manipular as barreiras do tempo e do espaço, além de controlar mentalmente outros seres e criaturas. Dos personagens que conhecemos e que já tratamos neste livro com tal capacidade, poderíamos destacar os Magos Istari, Saruman, Gandalf e Radagast, além dos elfos Elrond e Galadriel. Tanto poder concentrado em uma joia tão pequena, transformaria o portador certo em um verdadeiro deus, que seria consumido pela corrupção e maldade do anel.

Quando Sauron foi derrotado, na Batalha da Última Aliança, parte de seu ser sobreviveu no anel. Por esta razão, era fundamental destruir o artefato, o que seria possível somente no local em que ele foi forjado, ou seja, na Montanha da Perdição, em Mordor.

Ao longo da história, podemos dividir os personagens que encontraram o artefato em dois grupos. No primeiro, estão aqueles que desejaram usá-lo para seus interesses pessoais, nobres ou não. No segundo, os que compreendiam o perigo que ele representava, e por isso rejeitaram o Um Anel, quando ele foi oferecido. No primeiro grupo podemos destacar Saruman, Boromir e Gollum. No segundo, Gandalf, Galadriel e Elrond.

O Um Anel pode ser uma poderosa representação da tentação em nossas vidas. No texto base de hoje, vemos que Jesus foi levado pelo Espírito ao deserto para ser tentado por Satanás. O tentador usará trechos das Escrituras Sagradas para tentar convencer o Filho de Deus a adorá-lo. A maneira como Jesus vence as investidas do diabo pode nos ajudar a moldar nosso comportamento diante das tentações do dia a dia em nossas vidas.

Em primeiro lugar, Cristo rebateu todas as argumentações do inimigo com a Palavra de Deus. Diferente de seu oponente, Ele não forçou os textos a dizerem o que ele queria que dissessem. Por esta razão, é necessário procurarmos, além de ler, estudar a Bíblia em nosso dia a dia para estarmos preparados para os desafios que enfrentaremos em nossa caminhada.

Em segundo lugar, Jesus não flertou com o perigo. Ele foi muito sucinto e hostil às tentativas de convencimento de Satanás. Não vemos ele perguntando ao inimigo qual seria o sabor dos pães que seriam transformados das pedras, ou ainda como seria o governo que ele receberia por trair a Deus. Jesus também não perguntou a Satanás qual seria a extensão do Reino que ele receberia se o adorasse. Compreende o ponto? Jesus nos ensina que devemos fugir das tentações. Se ficarmos brincando com elas, fatalmente fracassaremos.

Em terceiro e último lugar, Jesus tinha um senso de propósito incrível! Ele sabia quem era e qual era sua missão. Por esta razão, a tentação em mudar os parâmetros que o guiavam não funcionaram. Precisamos aprender com o Mestre, que passava longos períodos em oração, buscando intimidade com o Pai. Havia muita coisa importante para o Filho do Homem realizar, mas Ele nunca deixou de priorizar seu tempo a sós com Deus.

Siga estes três passos práticos em sua caminhada cristã e seja vitorioso em sua luta constante contra as tentações. Não se esqueça: das tentações nós fugimos e, neste caso, fugir é vencer!

Desafio: Você tem enfrentado tentações em sua vida neste momento? Como você pode, de maneira prática, criar mecanismos para "fugir" das tentações em seu dia a dia? Siga o plano e seja fortalecido ou fortalecida em Deus!

Dia 39

A COBIÇA É O PRIMEIRO PASSO PARA O PRECIPÍCIO

Pois tudo que há no mundo – a cobiça da carne, a cobiça dos olhos e a ostentação dos bens – não provém do Pai, mas do mundo. 1 João 2:16

As **Silmarils** são três gemas criadas pelo elfo lendário Fëanor, ainda nos Anos das Árvores, antes da Primeira Era. Elas continham a essência da luz das duas árvores de Valinor, que eram chamadas de Telperion, a Prata; e Laurelin, a Ouro.

A beleza das três joias era inebriante e o elfo as usava em uma tiara em eventos e festas para que todos as vissem e contemplassem. Neste período, Melkor estava preso em Valinor, mas foi solto pelos Valar, que acreditaram em seu arrependimento. Ele percebeu que os elfos poderiam ser corrompidos e passou a lançar mentiras sobre Fëanor, que começou a desconfiar de seus irmãos. Ele também questionou os Valar, e pregou uma rebelião dos elfos em Valinor. Por isso, foi exilado ao norte das Terras Abençoadas. Foram com ele seu pai, o Alto Rei dos Noldor, Finwë e seus filhos. Neste local, construiu uma fortaleza e encerrou as Silmarils em um cofre de ferro.

Melkor se aproveita da ausência de Fëanor, mata seu pai e rouba as Silmarils. Depois de ser bem-sucedido em seu plano, foge para a Terra-média, logo depois. Cego pelo desejo de vingança, o elfo reúne seus parentes e inicia uma revolta dos elfos Noldor contra os Valar e contra todos aqueles que ficassem em seu caminho contra Melkor, a quem ele passa a chamar Morgoth, que significa o Sinistro Inimigo do Mundo.

Para sair de Valinor, os Noldor precisavam convencer os elfos da linhagem Teleri, que possuíam os barcos que poderiam levá-los para a Terra-média. Eles não aceitam participar da guerra, e assim começa um triste conflito entre os elfos, que ficou conhecido como o Fratricídio de Alqualondë.

Muitas batalhas ocorrem contra as forças de Morgoth, mas Fëanor não conseguirá recuperar suas joias, pois morrerá enfrentando Balrogs, antes de chegar à fortaleza de Angband, refúgio de seu inimigo.

Uma silmaril foi recuperada pelo homem mortal Beren, sendo devolvida aos Valar pelo meio-elfo Eärendil, pai de Elrond. Eles a colocaram no céu como uma estrela com o nome do elfo que a trouxe. As outras duas joias foram conseguidas por dois dos filhos de Fëanor, que tiveram suas mãos queimadas ao segurá-las. O primeiro se atirou com ela em um profundo poço de fogo, e o segundo na água. Assim, as Silmarils fazem parte da essência de Arda (o mundo de Tolkien): o céu, as profundezas da terra e o mar. Existe uma profecia que diz que no fim dos tempos, depois da derrota final de Morgoth, as joias seriam restauradas e os Valar poderiam recriar as Árvores e sua luz, em uma Era de paz e felicidade eterna.

Joias de uma beleza incomparável trouxeram dor e sofrimento inimagináveis para o início da história deste universo fantástico. Parece um paradoxo que, algo criado para trazer beleza, possa ter gerado guerra e morte. O interessante aqui é que o ponto principal não são as Silmarils em si, mas a cobiça gerada no coração de pessoas envolvidas. Melkor as desejava, e por isso corrompeu o elfo que as criou, que passou a desconfiar de todos ao seu redor.

Esta história contida no livro que conta a origem do mundo de Tolkien, o Silmarilion, nos traz um alerta importante. Não permita que a cobiça tenha acesso ao seu coração pois, como o texto base de hoje nos diz, ela não provém de Deus, mas do mundo. Ela tem sido um dos maiores inimigos da humanidade, desde sua origem. A cobiça por recursos naturais preciosos tem gerado inúmeras guerras entre nações ao longo de nossa história. A cobiça pelo poder tem levado muitos a corromperem seus princípios. Poderíamos continuar esta lista de maneira indefinida, mas o recado está dado: a cobiça não é o fim, mas apenas o início da queda de quem dá ouvidos a ela!

O antídoto para a cobiça é o contentamento. Paulo sabia da importância deste princípio, e por isso o ensinou a seu discípulo Timóteo (1 Timóteo 6:6-8). Não importa o quão alto você venha a chegar em sua jornada, nunca se esqueça de nutrir um coração grato e contente a Deus por tudo o que Ele tem feito!

Desafio: Vamos demonstrar gratidão no dia de hoje? Faça uma lista com pelo menos dez razões para agradecer a Deus e a pessoas que são importantes em sua vida. Demonstre esta gratidão por meio de suas palavras! Seus pais, familiares, amigos e líderes ficarão muito felizes com esta atitude!

Dia 40

ESTE NÃO É O FIM DA HISTÓRIA

Meus irmãos, considerem motivo de grande alegria o fato de passarem por diversas provações, pois vocês sabem que a prova da sua fé produz perseverança. Tiago 1:2,3.

Narsil foi uma espada longa, forjada ainda na Primeira Era, pelo anão ferreiro Telchar, da cidade de Nogrod. O tempo passou e ela foi, de alguma forma, levada até a ilha de Númenor. Como este processo aconteceu, não temos informações suficientes, sabemos apenas que ela acabou nas mãos de Elendil.

Durante a Batalha da Última Aliança, Elendil e Gil-Galad enfrentaram Sauron e seu exército em Mordor. Os reis dos homens e dos elfos morreram na luta e a espada Narsil foi feita em pedaços durante o violento conflito. Quando a esperança havia desaparecido e a derrota era iminente, Isildur, filho de Elendil, pega a espada quebrada e consegue, com um de seus fragmentos, cortar o Um Anel da mão do tirano, trazendo a vitória para os povos livres da Terra-média.

Mais tarde, como já contamos no texto sobre Isildur, pouco antes de sua morte nos Campos de Lis, ele entrega os fragmentos da espada para seu escudeiro Ohtar pedindo que ele fugisse. Ele consegue escapar, e entrega os pedaços de Narsil em Valfenda, que passa a posse dela para o filho de Isildur, Valandil. Desde então, ela foi a herança e o símbolo dos reis dos Homens.

Durante a Guerra do Anel, o dono legítimo da espada era Aragorn, que precisava reivindicar sua posição para conseguir o apoio do Exército dos Mortos. Eles foram homens que serviram a Sauron no passado, mas juraram fidelidade a Isildur. Porém, durante a Batalha da Última Aliança, estes homens não atenderam seu chamado, sendo amaldiçoados por causa disso. Os homens morreram, mas seus espíritos continuaram pairando até serem convocados mais uma vez pelo descendente do rei. Por isso, os elfos de Andúril reforjaram Narsil e a entregaram a Aragorn, que conseguiu convocar este exército para a Batalha dos Campos de Pelennor, libertando-os logo após a vitória.

Uma espada que era o símbolo da realeza dos homens e de seu poder. Ela foi destruída e, mesmo em pedaços, foi um instrumento para trazer a vitória sobre o mal e cumprir seu propósito! Muito tempo depois, foi refeita para legitimar o próximo Rei dos Homens. Que história incrível para nosso último devocional! Estamos concluindo nossa jornada de 40 dias pela incrível Terra-média e passamos por muitos assuntos e temas que esperamos que tenham sido importantes para sua formação e vida cristã. Porém, preciso dizer a você, caríssima ou caríssimo companheiro de devocional, que esta história, não termina aqui, de maneira nenhuma.

Da mesma forma como a Narsil passou por muitas mudanças ao longo de sua história, todos nós estamos em construção! A boa notícia é que você não precisa estar 100% pronto para começar a ser uma arma poderosa nas mãos do verdadeiro Rei Jesus! Mesmo nos momentos de luta e solidão, onde nos sentimos quebrados por dentro, Deus pode nos usar para levar esperança às pessoas, a partir de tudo aquilo que Ele já fez no passado. Este é o nosso testemunho, uma das nossas armas mais poderosas para o cumprimento de nossa missão na terra.

Deus usará situações e pessoas na preparação de nosso chamado. Algumas delas serão benção em nossas vidas e seremos edificados por isso. Elas são como hábeis elfos ferreiros que reforjam uma espada quebrada. Em outras situações, passaremos por muitos desafios e sofrimentos, pois nestes momentos de deserto, aprenderemos a depender apenas do Senhor. Estas situações são semelhantes à Batalha da Última Aliança, que quebrou a espada, mas não a destruiu. Seja como for, temos um Rei amoroso, que fará o melhor para seus súditos! Nossa principal missão é continuar caminhando ao lado de Cristo. Nos momentos de vitória ou de derrota, teremos lições importantes a serem aprendidas nesta grande aventura chamada cristianismo.

Queremos dizer que foi uma grande alegria ter a sua companhia nestes 40 Dias na Terra-média. Nossa aventura não termina aqui, mas continua em um de nossos outros devocionais da coleção 40 Dias.

Deus abençoe sua vida grandemente, foi uma verdadeira honra. A partir deste momento, você será nosso Mellon!

Desafio: No início deste Devocional, pedimos para que você atribuísse uma nota para sua vida cristã no momento do dia 01. Agora, depois de tudo o que você aprendeu, queremos que você refaça o exercício! Houve alguma melhora significativa entre o dia 01 e o dia 40? Escreva um texto em suas redes sociais e marque o @parabolasgeek para que possamos saber de que forma este livro te ajudou!

MINI GLOSSÁRIO

■ **Legendário:** Legendarium, no original, é o conjunto dos escritos de ficção de Tolkien que se passam em Arda, o universo criado pelo autor, ao longo de sua vida. Os livros, contos, além de materiais complementares que ajudam a explicar a metafísica da Terra-média, estão incluídos no Legendário do autor.

■ **Eä:** é o nome dado por Tolkien ao Universo, que compõe todas as terras conhecidas e desconhecidas e tudo o que foi criado por Eru Ilúvatar.

■ **Eru Ilúvatar:** é o ser Supremo da obra de Tolkien, criador de Eä. Ele é Onipotente, mas mesmo podendo criar tudo a partir de seu pensamento, delegou partes da criação para os Ainur. Ele aparece com destaque no Silmarillion e em Contos Inacabados.

■ **Arda:** equivale ao planeta terra na mitologia de Tolkien. Contém a Terra-média e as Terras de Aman. Criado para que os filhos de Ilúvatar (elfos e homens) pudessem habitar. Sofreu várias mudanças em sua geografia, devido aos conflitos entre os Valar e seus aliados: Melkor / Morgoth, na Primeira Era; e depois entre os Povos Livres e Sauron, na Segunda e Terceira Eras.

■ **Ainur:** espíritos imortais e as primeiras criaturas que vieram à existência a partir do pensamento de *Eru Ilúvatar* antes da criação do Universo. O Ser Supremo cria uma série de temas para uma grande canção a partir da qual o Universo será criado. Esta canção épica será conhecida como Música dos Ainur ou *Ainulindalë*. Parte destes seres entram no mundo criado, sendo divididos em dois grupos: os Valar e os Maiar.

■ **Valar:** vala no singular, são os Ainur que entram no mundo criado, para combater Melkor, o Ainur mais poderoso que se rebelou contra Eru Ilúvatar. Eles também ajudaram a moldar o mundo, a partir do pensamento do Criador. Possuíam seguidores fiéis, conhecidos como Maiar.

■ **Maiar:** maia no singular, geralmente considerados como Ainur de poder inferior aos Valar, entraram em Eä no início dos tempos. Mesmo sendo espíritos poderosos, podiam entrar no mundo e assumir a forma que desejassem. Na mitologia de Tolkien, os Maiar mais conhecidos são Sauron e os magos Istari.

■ **Istari:** eles são cinco Maiar enviados à Terra-média para ajudar os povos livres na luta contra Sauron. Assumem a forma de poderosos Magos que ficam conhecidos como Saruman, Gandalf, Radagast e os dois Magos Azuis.

■ **Aman:** o continente mais ocidental das terras de Arda, foi o local que os Valar escolheram para viver, depois que seus palácios e fortalezas foram destruídos por Melkor, no princípio dos tempos. Neste local, chamado de terras imortais ou terras abençoadas, Melkor não poderia causar ainda mais destruição.

■ **Valinor:** após a destruição do Reino de Almaren na Terra-média, os Valar construíram um Reino nas Terras de Aman e o chamaram de Valinor, que significa a Terra dos Valar. Podemos dizer que Aman é o continente inteiro e Valinor, uma espécie de país dentro deste continente.

■ **Nazgûl:** os nove senhores dos homens que receberam os anéis de poder de Sauron e se transformam em seus escravos, como serviçais fantasmas que permaneceriam vivos enquanto o Um Anel existisse.

■ **Anãos:** nas recentes traduções da obra de Tolkien para o português, a escolha editorial da Harper Collins foi seguir o uso linguístico das adaptações que Tolkien fez para descrever o plural da raça dos anãos. No original, o autor optou pelo uso de "dwarves" para o plural da palavra "dwarf", mesmo com o plural "dwarfs" ser o termo usado comumente para o termo. Segundo Ronald Kyrmse, que faz parte do conselho de tradução da editora que detém os direitos da obra de Tolkien, o autor optou por utilizar outro plural para a palavra, para que não se confundisse o povo de Thorin Escudo de Carvalho e seus companheiros, com as pessoas que sofrem com nanismo.

QUAL A MELHOR ORDEM DE LEITURA DA OBRA DE TOLKIEN?

Para aqueles que vão iniciar sua aventura por estes clássicos da literatura mundial, recomendo uma sequência progressiva de densidade literária desta obra, da mais acessível para a mais complexa. Para esta ordem de leitura, estamos utilizando como referencial o nosso amigo Rafael Soares, grande conhecedor do Legendário de Tolkien, que compartilha seu conhecimento conosco através de seu canal chamado O Bolseiro. Ele também é escritor e lançou em 2022 a obra **"O Cristianismo em Senhor dos Anéis: Lições de Poder"**, publicado pela Editora 100% Cristão. Usamos como base para esta lista o vídeo de Rafael de 2022 sobre o tema, bem como a Ordem de Leitura contida no próprio livro dele. Fizemos algumas adaptações em edições esgotadas ou que ainda não estão totalmente traduzidas no Brasil. Esperamos que esta lista ajude você a ingressar e mergulhar neste universo monumental e fantástico.

O link para o vídeo completo do canal O Bolseiro, base para esta lista, você encontra no QR Code abaixo:

Rafael Soares divide a leitura em três partes distintas: Essencial, Complementar e Extra.

LEITURA ESSENCIAL

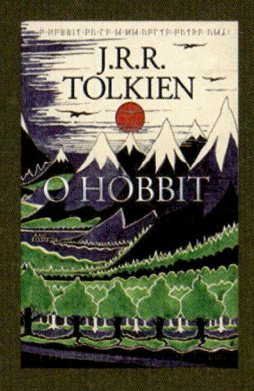

O Hobbit
O primeiro livro sobre a Terra-média, lançado em 1937, tem uma linguagem infanto-juvenil, o que facilita a leitura por alguém que está iniciando neste universo. A partir do Hobbit, a literatura fantástica não foi mais a mesma, pois ele mudou a maneira como estes universos seriam criados desde então. Ele conta a história do pacato e respeitado hobbit Bilbo Bolseiro, que teve sua vida transformada a partir da visita do Mago Gandalf e de uma comitiva de treze anãos liderados por Thorin, Escudo de Carvalho. A Missão do grupo seria atravessar toda a Terra-média, enfrentado inúmeros perigos para alcançarem a Montanha Solitária. Os anãos haviam sido expulsos do local pelo grande dragão Smaug, o Dourado. Derrotar a poderosa criatura daria ao grupo um tesouro incalculável. A história conta com desdobramentos importantes e muitos grupos são apresentados como os Elfos Silvestres da Floresta das Trevas, Trolls, Orcs, Homens, e o prelúdio da próxima história do autor, Senhor dos Anéis, que seria publicado anos depois.

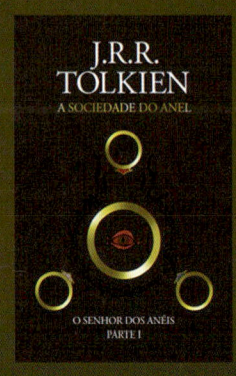

O Senhor dos Anéis: A Sociedade do Anel

Tolkien havia pensado em um volume único para sua obra épica, mas questões editoriais fizeram com que a obra fosse lançada originalmente em três volumes. A primeira parte da obra intitulada **A Sociedade do Anel** foi publicada em 1954, tornando-se um grande épico de fantasia moderna, sendo a grande referência literária para tudo o que foi produzido a partir de então. O sucesso estrondoso e mundial de uma obra lançada há quase sete décadas pode ser explicado tanto pela criatividade do autor, quanto pelo seu profundo conhecimento das mitologias europeias e línguas antigas. O resultado dos estudos, fruto de uma carreira acadêmica como professor da Universidade de Oxford entre 1929 e 1959, trouxe a existência um fascinante universo com tantos detalhes que poderia colocar em dúvida se a Terra-média seria, de fato, obra da ficção ou da realidade. Este volume faz a transição entre o livro que o antecede, o Hobbit, e o aspecto mais sombrio dos dois volumes posteriores de O Senhor dos Anéis. A história começa no pacato Condado, lar dos hobbits, em uma festa de aniversário de Bilbo Bolseiro, um dos únicos de sua espécie que haviam se aventurado para além das fronteiras de suas terras. Ele anuncia que irá embora e deixa uma herança para seu sobrinho Frodo. Entre esta herança, está o Um Anel, a joia que contém a essência do Senhor Sombrio Sauron. Esta notícia vai retirar Frodo e seus amigos, Sam, Merry e Pippin da segurança do Condado para iniciarem uma jornada pela Terra-média, enquanto descobrem o tamanho do conflito em que foram inseridos e do mundo que será o palco para a guerra que se aproxima.

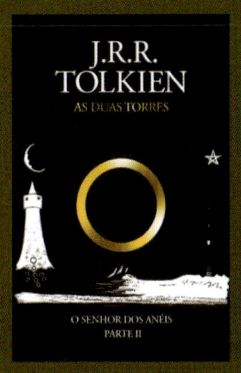

O Senhor dos Anéis: As Duas Torres

O segundo volume da trilogia de O Senhor dos Anéis intitulada As Duas Torres, foi lançado no mesmo ano do primeiro volume, em 1954. A partir deste livro, conheceremos a habilidade de Tolkien em trabalhar com núcleos separados. Com o fim da Sociedade do Anel, teremos Frodo, Sam e um aliado improvável procurando chegar a Mordor, para destruir o Um Anel, enquanto fogem de vários perigos, cada vez maiores, na medida em que se aproximam de seu destino. Além disso, Aragorn, Gimli e Legolas, procurarão resgatar os hobbits Merry e Pippin, que haviam sido capturados por Orcs Uruk-hai. Neste caminho, encontrarão o Mago Saruman, os Cavaleiros de Rohan e os Ents, expandindo os territórios apresentados nesta história fantástica.

Os detalhes da sociedade de Rohan mostram o conhecimento sobre a Idade Média e a sociedade feudal que o autor possuía. O debate existente na obra entre tecnologia e proteção da natureza, quando discorre a respeito de Isengard e o ataque dos Ents, nos ajuda a compreender a atemporalidade da obra de Tolkien.

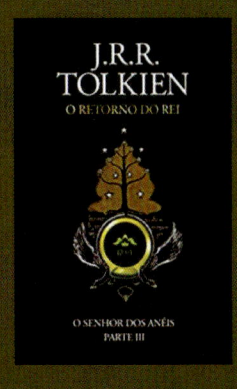

O Senhor dos Anéis: O Retorno do Rei

O terceiro e último volume de O Senhor dos Anéis foi lançado em 1955 e mostrará o crescimento do conflito que resultará na apoteótica Batalha dos Campos de Pelennor, entre a Aliança e os Povos Livres contra o exército de Sauron. Enquanto os grandes conflitos se desenham, a missão do trio Frodo, Sam e Gollum, continua cada vez mais improvável de se cumprir com êxito. Além do conflito principal, vemos diversos subtemas abordados, como relacionamento entre pais e filhos, orgulho, tentação e cobiça, grandeza, propósito e responsabilidade. Estes temas foram tratados em nosso devocional, a partir de cada personagem.

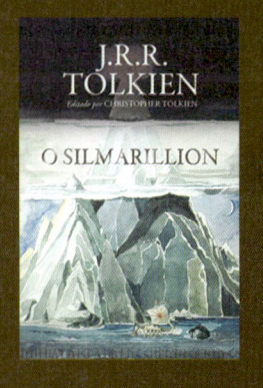

O Silmarillion

Esta obra, publicada originalmente em 1977, trata da origem deste universo, além da descrição dos poderosos Valar, espécie de deuses criados por Tolkien para reger toda esta história. Conheceremos também detalhes sobre a Primeira Era da Terra-média, em que o mundo era assolado por Morgoth, o primeiro Senhor do Escuro e a luta dos Altos-Elfos para derrotá-lo e recuperar as Silmarils, gemas criadas que continham a essência da luz de Valinor. Também conheceremos a história da Grande Ilha de Númenor, sua ascensão e queda, ao longo da Segunda Era, com o surgimento de um dos principais generais de Morgoth, Sauron, que assumirá seu lugar no posto de Senhor Sombrio, com objetivo de destruir e dominar todos os seres da Terra-média.

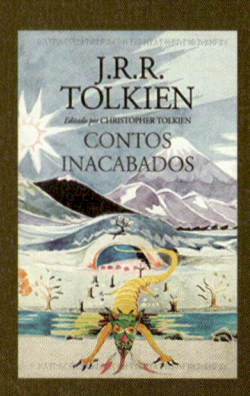

Contos Inacabados

Esta coletânea de escritos abrangentes sobre vários elementos do universo de Tolkien foi publicado pela primeira vez em 1980. Os Contos Inacabados de Númenor e da Terra-média trazem conteúdo desde a Primeira Era até o início da Quarta, com o fim da Guerra do Anel. Ele traz detalhes importantes sobre artefatos como as Palantíri, uma descrição sobre os Cinco Magos Maiar que são enviados à Terra-média, além de mais detalhes sobre a Queda de Númenor, e outras informações que não foram contidas nas obras principais. Este livro foi reunido e organizado por Christopher Tolkien, filho do autor e herdeiro literário da obra de J.R.R. Tolkien. Ele escreveu comentários em cada um dos contos para que o leitor pudesse compreender o contexto no qual cada um deles havia sido escrito.

LEITURA COMPLEMENTAR

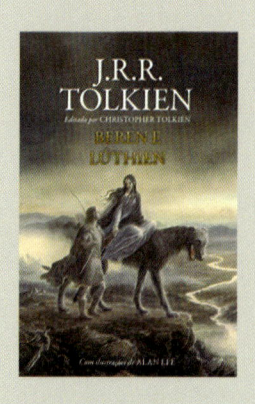

Beren e Lúthien

O conto de Beren e Lúthien foi escrito pela primeira vez entre 1916 e 1917, e desde então, a história foi reescrita várias vezes ao longo da produção literária de Tolkien. Este livro é a compilação de todas as versões desta lenda, organizada por Christopher Tolkien e publicada pela primeira em 2017, exatamente um século após sua concepção inicial. Embora tenha sido apresentado, de maneira resumida em o Silmarilion, aqui temos um aprofundamento do Romance épico da Primeira Era da Terra-média. Beren, é um homem mortal que se apaixona por Lúthien, uma elfa da nobreza. Seu pai proíbe o romance e dá uma missão suicida para permitir o matrimônio entre os dois: roubar uma das três Silmarils que estavam em posse de Morgoth, o grande Senhor Sombrio. O amor entre o casal se mostrará mais poderoso que o maior de todos os seres malignos da Terra-média. Tolkien gostava muito desta história, por alguma semelhança à sua própria história com sua esposa Edith Bratt. Além disso, o Antigo Testamento apresenta uma história muito semelhante Entre o jovem Davi e a Filha do Rei Saul, Mical. A missão dada por Saul a Davi era de semelhante modo impossível de ser obtida, mas ele consegue. Esta história está narrada em 1 Samuel capítulo 18. Esta edição da Harper Collins, conta ainda com belíssimas ilustrações de Alan Lee, ganhador do Oscar pela versão cinematográfica de Senhor dos Anéis.

Os Filhos de Húrin

Junto com o Conto de Beren e Lúthien e a Queda de Gondolin, Filhos de Húrin, formam os chamados "Três Grandes Contos dos Dias Antigos". Publicado em 2007, a obra conta a história do poderoso guerreiro Húrin que é preso por Morgoth e resiste a todas as torturas que sofre. Isso traz uma poderosa maldição sobre sua família, que transformam "Os Filhos de Húrin", na Grande Tragédia que Tolkien escreveu. O livro conta ainda com as ilustrações do ganhador do Oscar pela obra cinematográfica de Senhor dos Anéis, Alan Lee

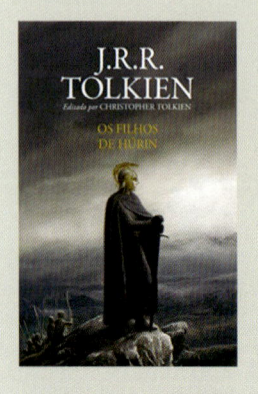

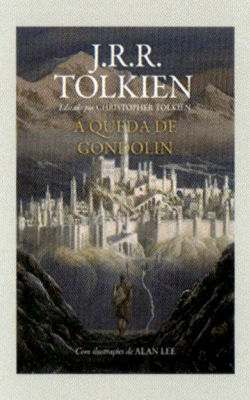

A Queda de Gondolin

Esta história foi concluída por Tolkien, em 1917 e publicada pelo seu filho Christopher em 2017. Ela conta a trajetória de Tuor, um descente de uma casa de prestígio, mas que vivia como escravo, nos dias de domínio de Morgoth, durante a Primeira Era. Ele foge, e parte em busca da cidade mítica de Gondolin, da qual apenas rumores se sabem.

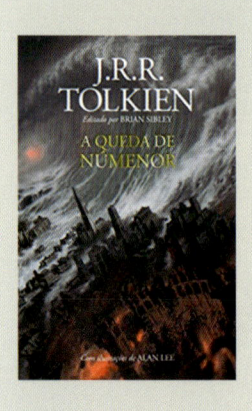

A Queda de Númenor

Uma coletânea dos textos sobre a Segunda Era da Terra-média, com lançamento no Brasil em novembro de 2022. Amplia o conhecimento sobre o período mais obscuro desta história. Este período será aquele abordado, durante a série Os Anéis de Poder, da Prime Vídeo, cuja primeira temporada foi lançada em 2022, com previsão de cinco temporadas até o momento em que escrevo este Dossiê.

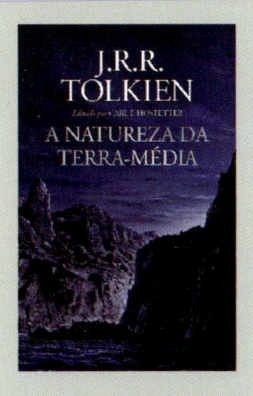

A Natureza da Terra-média

Este compilado inédito de anotações de Tolkien, foi editado por Carl F. Hostetter, substituindo Christopher Tolkien após sua morte, em 2020. Lançado em 2021, traz uma série de temas que mostram o preciosismo de J.R.R.Tolkien e seu cuidado com os detalhes com o mundo que havia criado. Esta obra traz temas complexos e filosóficos como por exemplo, a metafísica da imortalidade dos Elfos, os poderes dos Valar, a fauna e a flora da ilha de Númenor, além de responder a perguntas dos fãs.

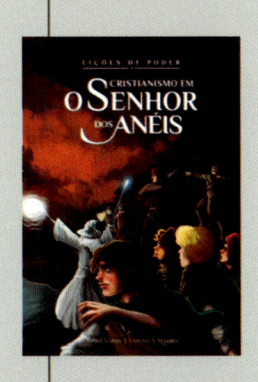

Lições de Poder:
Cristianismo em O Senhor dos Anéis

A já mencionada obra revela a intensa relação de J.R.R Tolkien (1892-1973), com a fé cristã e, por consequência, o uso de vários símbolos e elementos do cristianismo no incrível universo criado por ele. Os autores Vinicius A. Miranda e Rafael Soares, este um dos maiores especialistas em Tolkien no Brasil, percorrem essa trilha a partir de sua obra mais conhecida, que originou a trilogia mais premiada da história do cinema. Escrito para uma leitura envolvente, abrangente e cheia de surpresas para os fãs das histórias de Tolkien, os leitores serão contextualizados de como a fé cristã moldou a sua trajetória, bem como os livros que ele escreveu. Dessa forma, será possível aprender como os valores cristãos, mas também o pecado e o mal são retratados na obra de Tolkien, e as principais inspirações bíblicas que aparecem em O Senhor dos Anéis.

LEITURA EXTRA

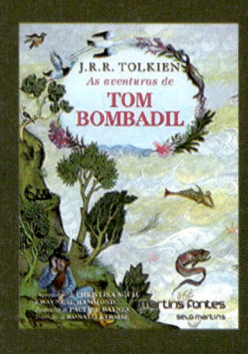

- **As Aventuras de Tom Bombadil**
  Lançado originalmente em 1962.

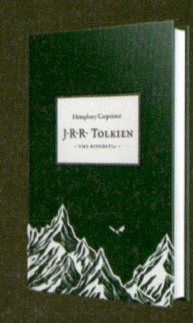

- **J.R.R. Tolkien: Uma Biografia**
  Escrito por Humphrey Carpenter, em 2018.

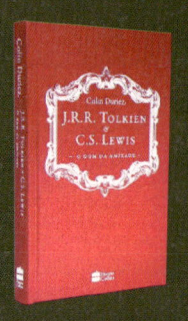

- **J.R.R. Tolkien & C.S. Lewis: O Dom da Amizade**
  Escrito por Colin Duriez, em 2018.

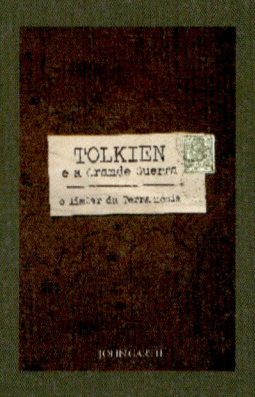

- **Tolkien e a Grande Guerra: O limiar da Terra-média.**
  Escrito por John Garth, em 2022.

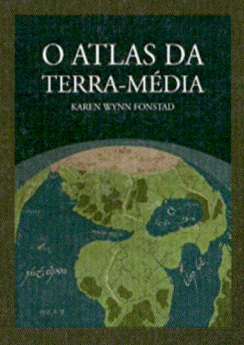

- **O Atlas da Terra-média**
  Escrito por Karen Wynn Fonstad, em 2022.

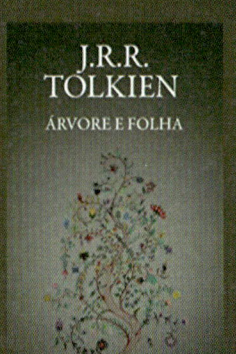

- **Árvore e Folha**
  Trabalhos acadêmicos de Tolkien que não tem relação direta com a Terra-média. Lançado em 2020.

■ História da Terra-média

Tradução da magnífica compilação feita por Christopher Tolkien. O lançamento dos dois volumes em português aconteceu em 2022. Publicados originalmente entre 1983 e 1996.

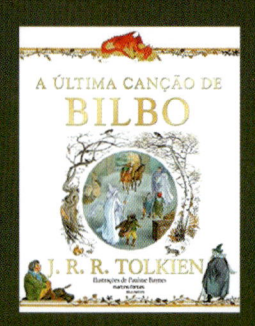

■ A última canção de Bilbo

Lançado em forma de livro em 1990. A edição em português mais recente é de 2013 e está esgotada, publicada pela Martins Fontes.

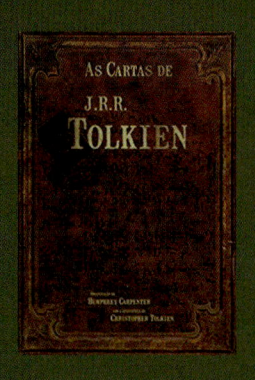

■ As Cartas de J.R.R. Tolkien

Publicada originalmente em 1981, foi organizado por Christopher Tolkien e Humphrey Carpenter, filho e biógrafo de Tolkien, respectivamente. São ao todo 354 cartas que abrangem a vida do autor desde 1914 até 1973, poucos dias antes da sua morte. A edição atual, de 2010, pela editora Arte e Letra, encontra-se esgotada no momento.

ORDEM CRONOLÓGICA LITERÁRIA

- 1 - O Silmarillion;
- 2 - Os Filhos de Húrin;
- 3 - Beren e Lúthien;
- 4 - A Queda de Gondolin;
- 5 - Contos Inacabados;
- 6 - O Hobbit;
- 7 - O Senhor dos Anéis: A Sociedade do Anel;
- 8 - O Senhor dos Anéis: As Duas Torres;
- 9 - O Senhor dos Anéis: O Retorno do Rei

PRODUÇÃO AUDIOVISUAL

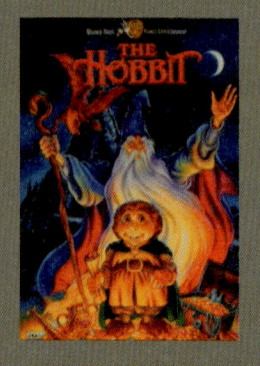

O Hobbit (1977)
Esta animação é um especial para televisão, em formato de musical. Criado por Rankin/Bass, um estúdio bastante conhecido na época por seus especiais de férias. A produção foi animada pelo estúdio Topcraft, um antecessor do lendário Studio Ghibli. Segundo o New York Times, teve um custo de U$ 3 Milhões, sendo transmitido originalmente pela NBC americana em novembro de 1977. A animação tem a duração de 78 minutos e cobre os principais acontecimentos do livro de J.R.R. Tolkien.

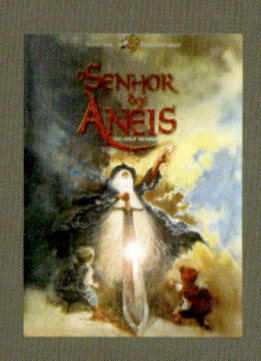

O Senhor dos Anéis (1978)
Animação dirigida por Ralph Bakshi que retrata a história contida no livro a Sociedade do Anel, e metade dos acontecimentos de As Duas Torres. Com custo estimado de U$ 4 milhões de dólares, arrecadou cerca de U$ 30 milhões. Tem ao todo 133 minutos de duração.

O Retorno do Rei (1980)
Produzida pelo mesmo estúdio das animações anteriores, superando as demais em duração com longos 158 minutos. Mas, embora pareça uma continuação, a história não se inicia onde a anterior termina. Uma curiosidade desta obra é que ela já traz Sauron representado como o Grande Olho que vemos nos filmes, mas que não estão nos livros de Tolkien.

O Hobbit "Soviético" (1985)
Muito tempo antes de Peter Jackson estrear seu épico cinematográfico de Tolkien, os russos já haviam lançado um filme de baixíssimo orçamento baseado no Hobbit. Pode ser encontrado no YouTube falado em russo, com legendas em inglês.

O Senhor dos Anéis "Soviético" (1991)
No mesmo ano em que o Regime Soviético cairia e a União das Repúblicas Soviéticas seria desfeita, uma versão em Live Action russa de baixíssimo orçamento foi lançada. Há pouco tempo, a obra foi disponibilizada no YouTube, acumulando milhões de visualizações dos fãs de Tolkien e curiosos com os efeitos especiais meio que duvidosos da produção.

Hobitit (1993)
Dirigida por Timo Torikka, a obra é uma minissérie em nove capítulos, contando eventos que se passam tanto no Hobbit, quanto em O Senhor dos Anéis. Diferente do caso russo, o Live Action finlandês foi feito e produzido de maneira profissional para a TV finlandesa, em 1993.

Senhor dos Anéis: A Sociedade do Anel
Ano de Lançamento: 2001
Diretor: Peter Jackson
Duração: 178 minutos – Versão Estendida: 208 minutos
Orçamento: US$ 090.000.000,00
Receita: US$ 887.832.826,00
 Venceu o Oscar nas categorias:
- Maquiagem;
- Trilha Sonora;
- Efeitos Visuais;
- Fotografia.

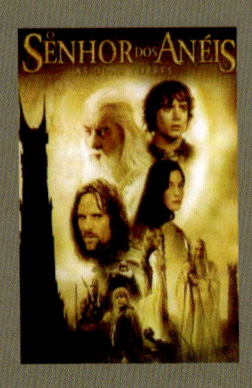

Senhor dos Anéis: As Duas Torres
Ano de Lançamento: 2002
Diretor: Peter Jackson
Duração: 179 minutos – Versão Estendida: 223 minutos
Orçamento: US$ 095.000.000,00
Receita: US$ 947.495.095,00

Venceu o Oscar nas categorias:
- Edição de Som;
- Efeitos Visuais.

Senhor dos Anéis: O Retorno do Rei
Ano de Lançamento: 2003
Diretor: Peter Jackson
Duração: 201 minutos – Versão Estendida: 250 minutos
Orçamento: US$ 095.000.000,00
Receita: US$ 1.146.030.912,00

Venceu o Oscar nas categorias:
- Melhor Filme;
- Melhor Diretor;
- Melhor Roteiro Adaptado;
- Melhores Efeitos Visuais;
- Melhor Direção de Arte;
- Melhor Edição;
- Melhor Figurino;
- Melhor Maquiagem;
- Melhor Mixagem de Som;
- Melhor Trilha Sonora;
- Melhor Canção Original.

Venceu o Globo de Ouro de:
- Melhor Filme;
- Melhor Diretor;
- Melhor Trilha Sonora;
- Melhor Canção Original.

O Hobbit: Uma Jornada Inesperada
Ano de Lançamento: 2012
Diretor: Peter Jackson
Duração: 169 minutos
Orçamento: US$ 270.000.000,00
Receita: US$ 1.017.003.568,00
Recebeu três indicações para o Oscar, não vencendo em nenhuma categoria.

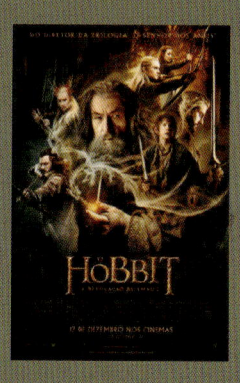

O Hobbit: A Desolação de Smaug
Ano de Lançamento: 2013
Diretor: Peter Jackson
Duração: 161 minutos
Orçamento: US$ 270.000.000,00
Receita: US$ 958.366.855,00
Recebeu três indicações em categorias técnicas do Oscar, não vencendo em nenhuma categoria.

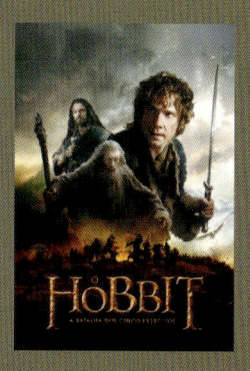

O Hobbit: A Batalha dos Cinco Exércitos
Ano de Lançamento: 2014
Diretor: Peter Jackson
Duração: 144 minutos
Orçamento: US$ 275.000.000,00
Receita: US$ 956.019.788,00
Indicado para uma categoria técnica ao Oscar, não sendo a produção vencedora.

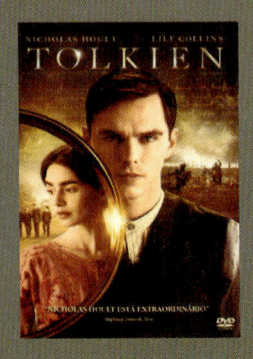

Tolkien

A cinebiografia de John Ronald Reuel Tolkien foi lançada em 2019 e conta com o ator Nicholas Hoult no papel principal. O filme retrata a orfandade do autor, bem como suas amizades, paixões e inspiração criativa para a criação de seu universo fantástico. Além disso, aborda sua participação na Primeira Guerra Mundial, que também foi uma importante fonte de inspiração para sua obra.

Ano de Lançamento: 2019
Diretor: Dome Kakuroski
Duração: 112 minutos
Orçamento: US$ 20.000.000,00
Receita: US$ 009.000.000,00

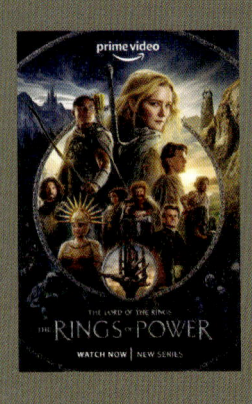

Os Anéis de Poder

A primeira temporada de "Os Anéis de Poder" foi lançada em 2022, pela rede de streaming Prime Vídeo, com o maior orçamento da história para produções do gênero. A trama se passa durante a Segunda Era da Terra-média, milhares de anos antes dos eventos de O Senhor dos Anéis. A adaptação da obra de Tolkien mostrará a ascensão do vilão Sauron, bem como a criação dos Anéis de Poder e a construção do Um Anel, a Queda de Númenor e a Batalha da Última Aliança.

Ano de Lançamento: 2022
Showrunners: J.D. Payne e Patrick McKay
Duração: Primeira temporada com 08 episódios
Orçamento: US$ 465.000.000,00

JOGO ELETRÔNICOS

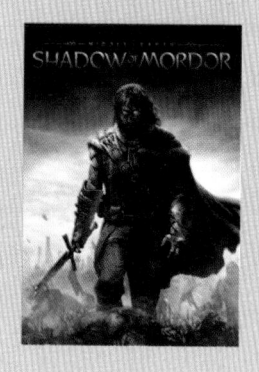

Terra-média: Sombras de Mordor

A história do jogo se passa entre os acontecimentos do Hobbit e O Senhor dos Anéis. Controlamos o guerreiro humano Talion, personagem exclusivo do mundo dos games. Ele é um guerreiro de Gondor, que serve seu reino com sua família no pior lugar da Terra-média para um homem: um posto avançado próximo ao portão negro de Mordor. Ele e sua família serão mortos em um ataque de Orcs, mas por alguma razão Talion permanece vivo. Em uma espécie de Limbo, ele encontra o Elfo Celebrimbor, com quem irá unir forças para enfrentar os perigos de Mordor nesta grande aventura!

Ano de Lançamento: 2014
Nota Site Metacritic: 84
Desenvolvedora: Monolith Productions
Cópias vendidas: 6,8 Milhões

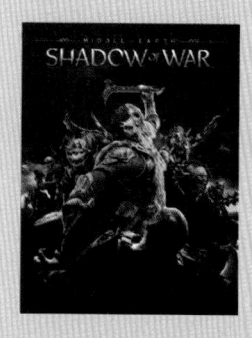

Terra-média: Sombras da Guerra

Sombras da Guerra é a continuação de Sombras de Mordor, e mostra Celebrimbor forjando o anel de poder. O jogo mostra Minas Ithil sendo conquistada por legiões de Sauron e se transformando em Minas Morgul, a fortaleza do Rei Bruxo de Angmar.

Ano de Lançamento: 2017
Nota Site Metacritic: 80
Desenvolvedora: Monolith Productions
Cópias vendidas: 9,1 Milhões

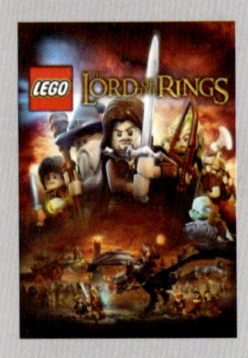

LEGO: O Senhor dos Anéis
Ano de Lançamento: 2012
Nota Site Metacritic: 80
Desenvolvedora: Traveller's Tales

LEGO: O Hobbit
Ano de Lançamento: 2014
Nota Site Metacritic: 80
Desenvolvedora: Traveller's Tales

JOGO DE TABULEIRO

**O Senhor dos Anéis:
Jornadas na Terra-média**
Ano de Lançamento: 2019
Desenvolvedor: Galápagos

**O Senhor dos Anéis:
Card Game**
Ano de Lançamento: 2022
Desenvolvedor: Galápagos

CURIOSIDADES DA TRILOGIA O SENHOR DOS ANÉIS

- O ator Christopher Lee, que deu vida ao mago Saruman nos cinemas, lia a trilogia de Senhor dos Anéis todos os anos, desde o lançamento do livro. Ele foi o único ator do elenco e da produção a ter conhecido Tolkien pessoalmente. Ele faleceu em 2015, aos 93 anos de idade;
- O ator John Rhys-Davies, que deu vida ao anão Gimli, era o ator mais alto do grupo, com 1,85m de altura;
- A Sociedade do Anel e As Duas Torres foram gravadas de uma só vez, de maneira simultânea. Por esta razão, as filmagens duraram ao todo 276 dias, ao longo de dezesseis meses de gravações;
- Orlando Bloom, ator que interpretou o elfo Legolas, conseguiu o papel poucos dias antes de concluir sua escola de teatro;
- Viggo Mortensen (Aragorn) entrou para o projeto quando ele já estava em andamento. Não conhecia o diretor, ou havia lido a obra de Tolkien. Foi seu filho Henry, de onze anos na época, que o convenceu a aceitar e explicou do que se tratava o papel que ele faria nos filmes;
- Liv Tyler, que interpreta a elfa Arwen é filha do vocalista da banda Aerosmith, Steven Tyler;
- O diretor Peter Jackson, presentou Elijah Wood (Frodo) e Andy Serkis (Gollum) com cópias do Um Anel utilizados nas filmagens. Os dois acreditavam que possuíam o Anel original;
- Viggo Mortensen é poliglota e por isso pediu que seu texto fosse revisado para incluir mais falas em élfico;
- Muitas cenas foram gravadas em locais remotos, de difícil acesso. Por isso, muitos traslados ocorriam em helicópteros. Sean Bean, que viveu Boromir no filme, tinha fobia com voos e, não poucas vezes, ele preferia caminhar por horas, já trajado como o personagem, para não precisar subir a montanha com o restante da equipe de filmagem a bordo de um helicóptero.

CURIOSIDADES DA TRILOGIA O HOBBIT

■ Os filmes O Hobbit e A Desolação de Smaug custaram mais que toda a trilogia original, somando um orçamento de U$ 561 Milhões, contra U$ 281 Milhões dos três filmes de O Senhor dos Anéis;

■ Para os fãs mais atentos, três anões da comitiva de Thorin Escudo de Carvalho, aparecem também na trilogia original. Glóin aparece em Valfenda, durante o Conselho de Elrond; ele é o pai de Gimli. Balin aparece em uma tumba, quando a Sociedade do Anel está em Moria. Ao lado da tumba, estão os restos mortais de Ori, com seu livro, usado pela equipe para compreender o que estava ocorrendo;

■ O primeiro diretor cotado para o projeto foi Guilhermo del Toro, que acabou desistindo por causa dos diversos problemas que ocorreram para início das filmagens;

■ Vários atores foram cotados para interpretar Bilbo Bolseiro. Entre eles estavam Tobey Maguire (Homem-Aranha), Daniel Radcliffe (Harry Potter) e James McAvoy (Prof. Xavier Primeira Classe);

■ O idioma falado pelos anões, é o Khuzdul, e foi criado por J.R.R. Tolkien com base em idiomas semíticos como o hebraico. Assim como a descrição bíblica sobre o povo de Israel, os anões da obra estão desterrados de sua pátria e não possuem uma nação;

■ Na obra original, não havia mulheres. O diretor adicionou personagens femininas em todos os filmes da trilogia;

■ Os cabelos dos anões são feitos de fios de cabelo de verdade e laquê.

CURIOSIDADES SÉRIE OS ANÉIS DE PODER

- Os Anéis de Poder é, atualmente, a produção seriada mais cara da história de qualquer plataforma;
- Os direitos de produção audiovisual da obra de Tolkien custaram cerca de 250 milhões de dólares, outro recorde;
- A atriz Sophia Nomvete, dá vida à princesa Anã, Disa, a primeira vez que temos a aparição de uma Anã nas produções audiovisuais do gênero;
- Os atores possuem diversas nacionalidades. Entre o grupo estão ingleses, iranianos, suecos e americanos, entre outros;
- O episódio de estreia da série bateu o recorde da plataforma de streaming Prime Video, com 25 milhões de pessoas que assistiram ao episódio nas primeiras 24 horas do lançamento;
- Jeffrey Bezos, CEO da Amazon que financiou e viabilizou a produção da série, forneceu diversas sugestões para o roteiro que foram rejeitadas pelos produtores e showrunners da série;
- Por falar neles, Patrick Mckay e John D. Paynena não são muito conhecidos no meio do entretenimento, sendo Os Anéis de Poder o primeiro grande projeto da dupla. Esperamos que deem conta de um desafio tão grande quanto recriar a monumental obra de Tolkien!

BIBLIOGRAFIA

TOLKIEN, J. R.R., ANDERSON, Douglas. O Hobbit: Anotado. São Paulo: Harper Collins, 2021;

TOLKIEN, J.R.R. O Senhor dos Anéis - Box Trilogia. São Paulo: Harper Collins, 2019;

_____ O Silmarilion. São Paulo: Harper Collins, 2019;

_____ Contos Inacabados de Númenor e da Terra-média. São Paulo: Harper Collins, 2020;

_____ Os Filhos de Húrin. São Paulo: Harper Collins, 2020;

_____ Beren e Lúthien. São Paulo: Harper Collins, 2018;

_____ A Queda de Gondolin. São Paulo: Harper Collins, 2018;

_____ A Natureza da Terra-média. São Paulo: Harper Collins, 2021;

FONSTAD, Karen Wynn. O Atlas da Terra-média. São Paulo: Harper Collins, 2022;

CARPENTER, Humphrey. J.R.R. Tolkien: Uma Biografia. São Paulo: Harper Collins, 2018;

SOARES, Rafael e MIRANDA, Vinicius. O Cristianismo em O Senhor dos Anéis: Lições de Poder. Osasco: 100% Cristão, 2022;

FILHO, Ives Gandra Martins. O mundo do senhor dos anéis. São Paulo: Martins Fontes, 2006;

RYKEN, Philip. O Messias vem à Terra-média. São Paulo: Monergismo, 2017;

IRWIN, William, BRONSON, Eric, BASSHAM, Gregory. O Hobbit e a filosofia (Cultura Pop). Rio de Janeiro: Best Seller.

WOOD, Ralph C. The Gospel According to Tolkien: Visions of the Kingdom in Middle-Earth. Louisville: Westminster John Knox Press, 2003;

KREEFT, Peter. The Philosophy of Tolkien: The Worldview Behind the Lord of The Rings. San Francisco: Ignatius Press, 2005;

PEARCE, Joseph. Bilbo's Journey: Discovering the Hidden Meaning in the Hobbit. Charlotte: Saint Bennedict Press, 2012.